Benjamin Maier

Einfluss von Unternehmenskulturen und Emotionen auf den Erfolg von Fusionen und Übernahmen

GRIN Verlag

GRIN - Your knowledge has value

Der GRIN Verlag publiziert seit 1998 wissenschaftliche Arbeiten von Studenten, Hochschullehrern und anderen Akademikern als eBook und gedrucktes Buch. Die Verlagswebsite www.grin.com ist die ideale Plattform zur Veröffentlichung von Hausarbeiten, Abschlussarbeiten, wissenschaftlichen Aufsätzen, Dissertationen und Fachbüchern.

Besuchen Sie uns im Internet:

http://www.grin.com/

http://www.facebook.com/grincom

http://www.twitter.com/grin_com

Inhaltsverzeichnis

Abbildungsverzeichnis

1. Einleitung

In diesem Kapitel wird zunächst eine Begriffsdefinition von Fusionen und Übernahmen vorgenommen. Anschließend wird auf die Relevanz von Fusionen und Übernahmen in der Wirtschaft und die damit verbundenen Probleme eingegangen. Abschließend erfolgt eine Übersicht über die Inhalte, die Ziele sowie der Aufbau dieser Arbeit.

1.1 Begriffsdefinitionen

Bevor eine inhaltliche Auseinandersetzung mit dem Themengebiet von Fusionen und Übernahmen möglich ist, muss zunächst definiert werden was sich hinter den zwei Begriffen verbirgt.

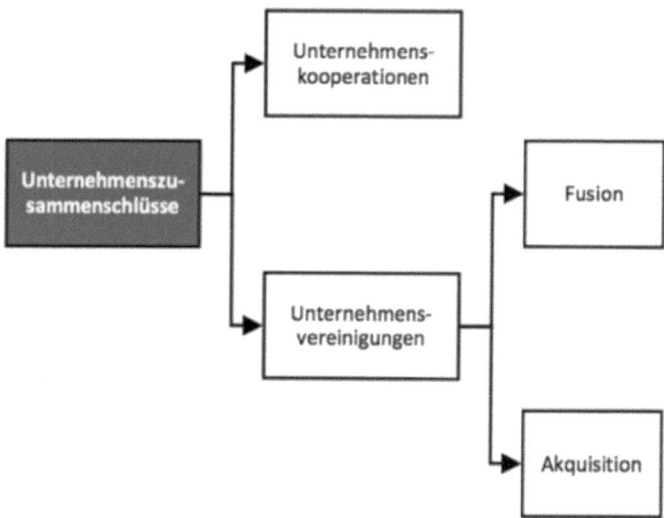

Abbildung 1: Unternehmenszusammenschlüsse

Fusionen und Übernahmen sind grundsätzlich zwei mögliche Unterkategorien von Unternehmenszusammenschlüssen. Dabei handelt es sich um die Verbindung von bisher rechtlich und wirtschaftlich selbständigen Unternehmen. Wichtig erscheint in diesem Zusammenhang die Differenzierung zwischen einer Unternehmenskooperation und Unternehmensvereinigung. Unternehmenskooperationen sind dadurch gekennzeichnet, dass die betroffenen Unternehmen wirtschaftlich weitgehend selbständig bleiben. Eine mögliche Kooperationsform, die auch in der Luftfahrtindustrie häufig anzutreffen ist, stellt die sogenannte strategische Allianzen dar. Bei Unternehmensvereinigungen hingegen verliert mindestens eines der beteiligten Unternehmen die wirtschaftliche Selbstständigkeit und gibt die eigene Autonomie zumindest teilweise oder vollkommen auf. (vgl. Glaum et al. 2010: 15-16).

Die Akquisition oder auch Übernahme genannt, bezeichnet den Erwerb der Kontrolle über ein bestehendes und zuvor unabhängiges Unternehmen. Dies führt zum Verlust der wirtschaftlichen Selbständigkeit des erworbenen Unternehmens und somit zur Ausdehnung des Machtbereiches des übernehmenden Unternehmens (Glaum et al. 2010: S17). Die beteiligten Unternehmungen behalten jedoch ihre Rechtspersönlichkeit (Grünert 2007: 27).

Als Fusion bezeichnet man die Verschmelzung von zwei oder mehr zuvor rechtlich selbstständigen Unternehmen zu einer einzigen rechtlichen Einheit. Bei Fusionen muss zwischen zwei Formen unterschieden werden. Zum einen gibt es Fusionen durch Aufnahme, zum anderen Fusionen durch Neugründung. Bei Fusionen durch Aufnahme verliert lediglich eine der beteiligten Unternehmungen die Rechtspersönlichkeit. Bei Fusionen durch Neugründung wird das Vermögen beider Beteiligten auf ein neugegründetes Unternehmen übertragen und Beide verlieren ihre Rechtspersönlichkeit (vgl. Grünert 2007: 28-29).

1.2 Problemhintergrund

Fusionen und Übernahmen sind zu einem strategischen Grundinstrument für Unternehmen geworden, um in den globalisierten Weltmärkten die Wettbewerbsfähigkeit zu sichern. Mergers and Acquisitions (M&A) dienen der Anpassung an veränderte globale Rahmenbedingungen und der Umsetzung von grenzüberschreitenden Wachstumszielen. Darüber hinaus verflogen M&A-Aktivitäten weitere Ziele, wie die eigene Position am Markt zu stärken, den Unternehmenswert zu Steigern oder Synergieeffekte zu erzeugen. (vgl. Müller 2007: 1)

M&A verlaufen jedoch zum Großteil nicht wie von den Unternehmen erhofft. Wie zahlreiche Studien belegen, liegt die Misserfolgsrate bei mehr als 50 Prozent. Die möglichen Gründe für ein Scheitern eines Unternehmenszusammenschlusses sind zahlreich. Beispielsweise kann eine falsche Einschätzung des zu übernehmenden Unternehmens in der Due Diligence-Phase, einen Erfolg bereits von Beginn an verhindern. Ein weiteres Problem das häufig unterschätz wird, liegt in der unterschiedlichen strategischen Ausrichtung der betroffenen Unternehmen. Darüber hinaus können nationale, aber auch den organisationskulturelle Unterschiede einem erfolgreichen grenzüberschreitenden Zusammenschluss im Wege stehen. Zusätzliche Stolpersteine sind unrealistische Zielvorstellungen und eine falsche Beurteilung über die Komplexität eines solchen Vorhabens. (vgl. Studt 2008: 1-3).

1.3 Fokus und Ziele

Wie in der Einleitung bereits erwähnt wurde, gibt es diverse Gründe, weshalb es zu Problemen im Rahmen eines Unternehmenszusammenschlusses kommen kann. Der Schwerpunkt dieser Arbeit richtet sich auf die Analyse für das häufige Scheitern von Mergers und Acquisitions. Dazu wurde die Übernahme zwischen zwei Unternehmen aus der Luftverkehrsbranche, die laut medialer Berichterstattung nicht ohne Konflikte verlief, genauer betrachtet. Zu Problemen kam es laut Medienberichten vor allem bei der Belegschaft des übernommenen Unternehmens. Es soll untersucht werden welche Faktoren eine reibungsfreie Übernahme verhinderten. Im Zentrum der Arbeit stehen zwei Themen, die Unternehmenskultur und die durch die Übernahme ausgelösten Emotionen der Mitarbeitern. Die Unternehmenskultur wurde deshalb gewählt, weil sie zu den häufigsten Gründen für das Misslingen von M&A zählt (Uder et al. 2001: 107). Die Rolle von Emotionen bei M&A wurde lange Zeit vernachlässigt und stellt somit ein neues Forschungsfeld dar. Mit Hilfe von Interviews der betroffenen Mitarbeiterinnen sollen folgende Fragen geklärt werden:

> Welche kritischen Interaktionsereignisse traten im Zuge der Übernahme aus Sicht der Mitarbeiter des übernommen Unternehmens KEA auf?

> Worauf sind diese kritischen Interaktionsereignisse zurückzuführen? Wie wirken sich unternehmenskulturelle Unterschiede auf die Entstehung von kritischen Interaktionsereignissen aus?

> Welche Folgen können aus diesen kritischen Interaktionsereignissen entstehen? Welche Emotionen treten zu welchem Zeitpunkt aus welchem Grund bei den Mitarbeitern des Unternehmens KEA auf?

1.4 Aufbau

Kapitel 1 dient der Erfassung des Problemhintergrundes bei grenzüberschreitenden Fusionen und Übernahmen und erläutert den Fokus und die Ziele der Arbeit. Dazu wird zunächst der Begriff Fusionen und Übernahmen definiert und abgegrenzt. In Kapitel 2 wird die Luftverkehrsbranche und deren besonderen Merkmale erläutert. Es soll geklärt werden, weshalb Fusionen und Übernahmen in dieser Branche von Bedeutung sind. Zusätzlich werden die im Rahmen der Studie untersuchten Unternehmen kurz vorgestellt. Kapitel 3 befasst sich mit Rolle von Unternehmenskulturen und Emotionen bei Fusionen und Übernahmen. Zu Beginn des Kapitel wird der Begriff Unternehmenskultur definiert und die Relevanz für Fusionen und Übernahmen erläutert. Anschließend werden unterschiedliche Ansätze zu Differenzierung Unternehmenskulturen vorgestellt. Das zweite Unterkapitel befasst sich mit der Entstehung und den Auswirkungen von Emotionen. In Kapitel 4 wird die Forschungsmethode sowie die Vorgehensweise bei der Datenerhebung präsentiert. In Kapitel 5 werden die Ergebnisse aus den Interviews vorgestellt und der Einfluss unterschiedlicher Unternehmenskulturen und Emotionen auf den Erfolg von Fusionen und Übernahmen untersucht. Kapitel 6 besteht aus einer Zusammenfassung der vorherigen Kapitel und der Ergebnisse, den Limitationen dieser Arbeit und weist auf mögliche zukünftige Forschungsfelder hin.

2. Luftverkehrsindustrie

Die globale und somit auch die europäische Luftverkehrsbranche ist stark abhängig von der allgemeinen Wirtschaftslage und steht angesichts einer seit Jahren andauernden Wirtschaftskrise auch derzeit unter großem Druck (Blauwens G. et al 2008: 291). Allein im Jahr 2009 kam es zu 14 Konkursen oder Unternehmenszusammenschlüssen in Europa. Betroffen sind vor allem mittelgroße Fluggesellschaften, die international tätig sind. Ursächlich dafür ist die Unternehmensgröße, denn als globale Akteure sind sie zu klein, als Nischenanbieter wiederum zu groß. (vgl. Macário R. / Van de Voorde E. 2009: 30-31).

DATUM	FLUGGESELLSCHAFT	LAND	FLUGBETRIEB SEIT	EREIGNIS
17.01.09	FlyLAL	Litauen	1938	Konkurs
19.01.09	Apatas Air	Litauen	1994	Konkurs
24.01.09	Nordic Airways	Schweden	2006	Konkurs
16.3.09	EuroAir	Griechenland	1995	Entzug des Luftverkehrsbetreiberzeugnisses (AOC)
31.3.09	Blue Wings	Deutschland	2003	
27.4.09	Air Sylhet	Vereinigtes Königreich	2007	Konkurs
1.5.09	LTU International Airways	Deutschland	1955	Aufgegangen in Air Berlin
1.5.09	ThomsonFly	Vereinigtes Königreich	2004	Wurde zu Thomson Airways
1.5.09	First Choice Airways	Vereinigtes Königreich	1987	Wurde zu Thomson Airways
6.5.09	Open Skies	Vereinigtes Königreich	2007	Übertragen an Elysair
1.7.09	Cargo B	Belgien	2007	Konkurs
9.7.09	Clickair	Spanien	2006	Aufgegangen in Vueling
24.7.09	MyAir	Italien	2004	Konkurs
1.9.09	SkyEurope	Slowakei	2002	Konkurs

Abbildung 2: Fusionen, Übernahmen, Konkurse in der europäischen Luftverkehrsbranche

Die Gründe für den steigenden Wettbewerbsdruck zwischen den Airlines sind vielfältig. Durch Deregulierungen und Liberalisierungen zuerst in den USA (1978), später Mitte der 1990er Jahre auch im europäischen Raum, kam es zu einer Überschuss an Anbietern, was den Druck auf Preise und Erträge erhöhte (vgl. Meersman et al. 2008: 72-73). Eine dadurch notwendige Steigerung der Profitabilität und Effizient erfolgte jedoch nur in unzureichendem Maße. Anstelle dessen erfolgte

5

ein Preiskampf zwischen den Fluggesellschaften. Verstärkt wurde dieser Effekt zusätzlich durch das Aufkommen sogenannter Low Cost Carrier bzw. No Frill Airlines wie Ryanair oder Easyjet auf Kurz- und Mittelstreckenflügen. No Frill steht in dieser Branche für ein Produkt ohne „Schnörkel", sprich die Leistung beschränkt sich allein auf die Beförderung von Personen und bietet darüber hinaus wenig Annehmlichkeiten. Im Gegensatz dazu stehen die sogenannten Flag Carrier, die seit Jahrzenten interkontinental tätig sind und mit ihrer Marke ihr Herkunftsland repräsentieren. Die No Frill Airlines schafften es im Vergleich zu den Flag Carriern, stark und profitabel zu wachsen. Dieser Umstand wirkt zunächst paradox, da die alteingesessenen Airlines über jahrzehntelange Erfahrung, gut ausgebildetes Personal, aber auch über nationale und internationale Beziehungen zu Behörden, Flughäfen, Lieferanten und Kunden besitzen (vgl. Heitmann, 2005: 4-5). Weitere Konkurrenten, die den Druck auf europäische Anbieter von Mittel-Langstreckenflügen erhöhen, kommen aus den Golf-Staaten. Stark expandierende Fluglinien wie Emirates, Quatar Airways und Etihad Airways haben seit 2005 rund ein Drittel der Marktanteile der Lufthansa, auf Strecken zwischen Europa und Asien übernommen. Manager europäischer Airlines werfen den Golf-Anbietern vor, den Wettbewerb durch unerlaubte staatliche Subventionen zu verzerren und verlangen daher eine Überarbeitung der bilateralen Abkommen mit Katar und Vereinigten Arabischen Emiraten (Jahn / Koenen 2015: 16).

Im Vergleich zu anderen Industrien, wies die globale Luftverkehrsbranche eine starke Zersplitterung auf. Bis ins Jahr 2005 teilten sich die zehn größten Airlines einen kumulierten Marktanteil von lediglich 35 Prozent. Diese Wert veränderte sich zwischen 1990 und 2005 nicht (vgl. Schwierholz 2007: 73). Dies hat mehrere Gründe. Einerseits war der Großteil aller Fluggesellschaften bis vor kurzem in staatlicher Hand. Aber auch mittlerweile privatisierte Fluglinien stehen häufig unter staatlichem Einfluss, weil sie häufig als nationale Institution wahrgenommen werden. Viele Regierungen unterstützen ihre (ehemals) staatlichen Airlines nach einer Privatisierung in wirtschaftlichen Notsituationen, um den Einfluss ausländischer Unternehmen zu verhindern und die Kontrolle zu behalten. Anderseits werden Konsolidierungstendenzen noch immer durch Verkehrsrechte erschwert. Verkehrsrechte sind bilaterale Abkommen zwischen Staaten, die den Flugverkehr regeln. Würde beispielsweise eine ausländische Fluglinie die Mehrheitsanteile einer inländischen Fluglinie erwerben, würde sie automatisch alle Verkehrsrechte in nicht-europäischen Ländern verlieren. Aus diesem Grund finden M&A zwischen Fluglinien meist nur auf europäischer und nicht auf globaler Ebene statt (Schwierholz 2007: 75.). Aus diesen Gründen versuchte man über die Bildung strategischer Allianzen Synergieeffekte zu erzeugen. Bei dieser Form der Kooperation bleiben alle Allianzmitglieder rechtlich selbständig, vereinbaren sich aber vertraglich zur Abstimmung der Geschäftstätigkeit. Abhängig vom Intergrationsgrad der Allianzpartner reicht dies von der Abstimmung der Flugzeiten über Code Sharing bis hin zu Joint Ventures. Von 1997 bis 200 wurden drei große Allianzen gegründet: *Star Alliance, SkyTeam* und *oneworld*. Nur wenige Jahre später waren bereits 63 Prozent aller Airlines in einer dieser drei Allianzen. Ziel einer Allianz (Schwierholz 2007: 77f.).

Trotz der schwierigen Rahmenbedingen, zeigen Beispiele wie die Fusion zwischen Air France und KLM im Jahr 2003 oder die Übernahme zwischen Lufthansa und Swiss im Jahr 2005 die Machbarkeit von grenzüberschreitenden Fusionen und Übernahmen in dieser Branche. Die durch M&A erzeugten Synergieeffekte, überstiegen die Erwartungen von Politik und Airlines. Gerade kleinere und finanziell angeschlagene Airlines benötigen mehr als nur eine strategische Allianzen, um im globalen Wettbewerbsdruck zu überleben (Schwierholz 2007: 79). Diese Positivbeispiele und der enorme Wettbewerbsdruck lassen die Vermutung zu, dass die Bedeutung von Fusionen und Übernahmen in der Luftverkehrsbranche auch zukünftig von Bedeutung sein wird.

2.1. Betroffene Unternehmen

Im folgenden Abschnitt werden die von der Übernahme betroffenen Unternehmen vorgestellt. Aus Gründen der Verschwiegenheit dürfen die tatsächlichen Unternehmensnamen, sowie die Namen der Interviewten Personen nicht namentlich genannt werden. Aus dem selben Grund ist es ebenfalls nicht möglich exakte Kennzahlen oder Ortsangaben, wie Firmensitze oder Mitarbeiterzahlen, zu erwähnen. Alle genannten Daten wurden stark gerundet und stammen aus den aktuellen Geschäftsberichten der betroffenen Unternehmen. Diese Einschränkungen waren Voraussetzung für die Zusammenarbeit und sind notwendig, um eventuellen rechtlichen Konsequenzen gegenüber den interviewten Personen vorzubeugen. Es

7

erscheint dennoch sinnvoll einen kurzen Überblick über die Unternehmen zu geben, um Größenverhältnisse aufzuzeigen.

2.1.1 Große europäische Airline-Gruppe

Die *Große europäische Airline-Gruppe* (GEA) ist eines der weltweit führenden Unternehmen in der Luftverkehrsbranche und zählt zu den Pionieren seiner Zeit. Gegründet wurde das Unternehmen als Staatsbetrieb, die Privatisierung erfolgte krisenbedingt Jahrzehnte später. Die Unternehmensgruppe setzt sich heute aus verschiedenen Netzwerk-Airlines, Low-Cost-Airlines und Aviation Service-Gesellschaften zusammen. Mehr als 100.000 MitarbeiterInnen werden von der Gruppe über alle Geschäftsfelder hinweg beschäftigt. Zukünftige Konzernzieleziele sind neben der Kundenzufriedenheit größtenteils wirtschaftlicher Natur, wie die Steigerung des Unternehmens und profitables Wachstum. Um diese Ziele zu erreichen werden hauptsächlich Maßnahmen zur Steigerung der Effizienz genannt. Das Kerngeschäft der Unternehmensgruppe ist laut eigenen Angaben die Passage[1]. Operiert wird in diesem Geschäftsfeld mit mehreren Flag Carriern und einer No Frill Airline (siehe Abbildung 3). Diese Unternehmen wurden teilweise selbst gegründet oder akquiriert und sind zu 100% im Besitz von GEA. Das Unternehmen verfolgt eine Multi-Hub-Strategie und operiert über mehrere Drehkreuze in Zentraleuropa.

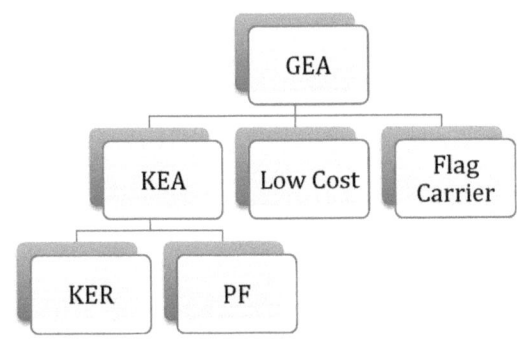

Abbildung 3: vereinfachte Darstellung GEA Passage

---

[1] Personenbeförderung in der Luftfahrtbranche (Klußmann et al. 2004: 43)

2.1.2 Kleine europäische Airline

Ebenfalls als Staatsbetrieb wurde die kleine europäische Airline (KEA) in der Nachkriegszeit gegründet. Bis zur Jahrtausendwende beteiligte sich KEA an mehreren kleineren Regionalfluglinien, darunter auch die kleine europäische Regionalfluglinie (KER) mit Firmensitz im selben Staat. Eine weitere Übernahme einer privaten Fluglinie (PF) aus dem selben Staat erfolgte einige Jahre später. Heute ist KEA selbst Teil GEA-Konzerns. Die Zahl der Beschäftigten im Unternehmen liegt aktuell bei deutlich unter 10.000 Personen und sank seit der Übernahme durch GEA um etwa ein Viertel.

3. Literaturanalyse

In diesem Kapitel werden verschiedene Theorien, Modelle und Studien, sowie deren Ergebnisse die im Rahmen von Unternehmenszusammenschlüssen von Relevanz sein können, vorgestellt. Besonderes Augenmerk liegt dabei auf den Themen Unternehmenskultur und Emotionen. Ausgewählt wurden diese Bereiche, da sie im Rahmen dieser Forschungsarbeit als besonders konfliktträchtig wahrgenommen wurden.

3.1 Unternehmenskultur

In diesem Kapitel wird einführend erklärt, weshalb Unternehmenskultur in der Betriebswirtschaftslehre und im Besonderen bei grenzüberschreitenden Fusionen und Übernahmen von Bedeutung ist. Anschließend werden Möglichkeit zur Differenzierung unterschiedlicher Unternehmenskulturen vorgestellt. Am Ende des Kapitels werden fünf Varianten von Integrationsstrategien vorgestellt.

Empirische Untersuchungen zeigen, dass die Misserfolgsquote bei Unternehmenszusammenschlüssen weit mehr als 50 Prozent beträgt. Laut einer Umfrage unter 45 Top Managern liegt der häufigste Grund für das Scheitern an unterschiedlichen Unternehmenskulturen. Dies gilt besonders für grenzüberschreitende Fusionen und Übernahmen (Uder et al. 2001: 107). Erst im Laufe der 1960er und 70er stieg das Interesse an kulturellen Aspekten bei Fusionen und Übernahmen, bedingt durch stärkere Internationalisierungstendenzen der Unternehmen. Zu dieser Zeit lag der Fokus auf der Erforschung von nationalen Kulturunterschieden und auf dem Vergleich der Kulturen auf Länderebene. Als Vorreiter auf dem Gebiet kann Geert Hofstede bezeichnet werden, der in seiner Forschung Dimensionen zur Klassifizierung von Landeskulturen entwickelte. Erst in den 1980er Jahren wurde die Unternehmenskultur zum Forschungsgegenstand (vgl. Blöcher / Glaum 2005: 295-296). Grund für die wissenschaftliche Auseinandersetzung mit dem Themengebiet Unternehmenskultur waren empirische Arbeiten, die Leistungsdifferenzen zwischen strukturell weitgehend identischen Organisationen feststellten. Beispielsweise konnten Wettbewerbsvorteile japanischer

Unternehmen zum Großteil auf Kulturunterschiede zurückgeführt werden (Ernst 2003: 23). Somit bestimmen sowohl harte, als weiche Faktoren den Erfolg eines Unternehmens. Mittlerweile gilt die auch kulturelle Integration als wichtiger Baustein für das Gelingen von Unternehmenszusammenschlüssen (Habeck et al. 1999: 102).

3.1.1. Unternehmenskultur – ein Definitionsversuch

Eine eindeutige Definition des Kulturbegriffs über verschiedene Wissenschaftsdisziplinen ist kaum möglich. Daher wird im nachfolgenden Abschnitt ein Auszug möglicher Bedeutungen dargelegt.

Beispielsweise wird in der Anthropologie Kultur zur Charakterisierung verschiedener Gruppen von Menschen und Gesellschaften verwendet. Laut dem Anthropologen Clyde Kluckhohn besteht Kultur aus...

„Mustern von Denken, Fühlen und Handeln, hauptsächlich erworben und übertragen durch Symbole, die die charakteristischen Errungenschaften von bestimmten Gruppen von Menschen bilden, dazu ihre Verkörperung in Artefakten; der wesentliche Kern der Kultur besteht aus traditionellen Ideen und insbesondere ihren zugehörigen Wertehaltungen (Kluckhohn 1951: 86)."

Diese allgemeine Definition von Kultur führt uns bereits ein Stück näher an den Begriff Unternehmenskultur. Denn auch in der Managementforschung wurde der Kulturbegriff aufgegriffen und auf Organisationen beziehungsweise Unternehmen übertragen. Aber auch hier sind unterschiedliche Begriffserklärungen zu finden. Hofstede sieht Unternehmenskultur als...

„collective programming of the mind that distinguishing the members of one group or category of people from another (Hofstede 2001: 9)."

Weit verbreitet ist ebenfalls die Definitionen von Edgar Schrein. Er definiert Unternehmenskultur als...

„a pattern of shared basic assumptions that the group learned as it solved its problems of external adaptation and internal integration, that has worked well enough to be considered valid and, therefore, to be taught to new members as the correct way you perceive, think, and feel in relation to those problems (Schein 1992: 1112)."

Gemeinsam haben alle Definitionen, dass Unternehmenskultur verstanden wird als die Gesamtheit gemeinsam gelebter Werte und Normen, sowie Verhaltens- und Denkmuster. Diese beeinflussen wiederum das Handeln und die Entscheidungen der Unternehmensmitglieder auf verschiedenen Ebenen. Somit besitzt jedes Unternehmen seine eigene Unternehmenskultur, die die Mitarbeiter verbindet, Standards schafft und die Stabilität erhöht (vgl. Knyphausen-Aufseß / Schweizer 2006: 263).

3.1.2 Scheins Drei-Ebenen-Modell

Edgar Scheins Drei-Ebenen-Model dient der Erklärung von Unternehmenskultur gehört zu den weitverbreitetsten in der Literatur. Jede Ebene beschreibt dabei unterschiedliche Phänomene von Unternehmenskulturen. Die einzelnen Schichten unterscheiden sich im Grad der Sichtbarkeit der Kulturausprägungen für Außenstehende. Die Pfeile in diesem Modell deuten an, dass alle drei Ebenen in gegenseitiger Wechselwirkung zueinander stehen (Dröse 2006: 22).

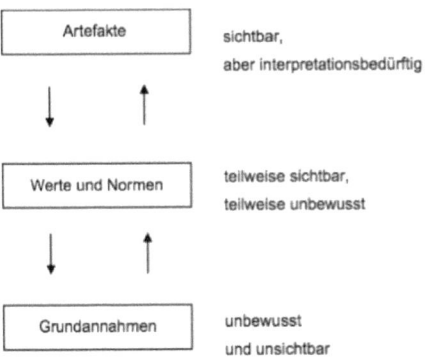

Abbildung 4: Scheins Drei-Ebenen-Modell

Die unterste Ebene des Modells bilden die Grund- bzw. Basisannahmen, die von außen nicht ersichtlich sind und von den Unternehmensmitgliedern meist nicht bewusst wahrgenommen und nicht hinterfragt werden. Diese Grundannahmen leiten das Handeln und die Wahrnehmung und bilden somit den Kern jeder Unternehmenskultur (Schein 1992: 17). Steinmann und Schreyögg verweisen

12

außerdem darauf, dass diese Basisannahmen ein zusammenhängendes Orientierungsmuster bilden und somit die tiefste Ebene der Unternehmenskultur darstellt (Steinmann / Schreyögg 2000: 625).

Auf der nächsthöheren Ebene befinden sich die Werte und Normen der Unternehmenskultur. Im Gegensatz zu den Basisannahmen sind diese für Außenstehende bereits teilweise sichtbar und den Unternehmensmitgliedern teilweise bewusst. Werte und Normen können sich in Unternehmensrichtlinien manifestieren oder in das Unternehmensleitbild miteinfließen. Somit hat auch diese Ebene Einfluss auf die Handlung der Mitarbeiter.

Die oberste Ebene des Modells bilden die sogenannten Artefakte. Damit sind die sichtbaren, hörbaren und spürbaren Elemente der Unternehmenskultur gemeint. Diese sind zwar für jeden unmittelbar wahrnehmbar, aber dennoch schwer zu entschlüsseln. Beispiele solcher Artefakte sind die Architektur, die Kleidung oder Firmenlogos.

3.1.3 Starke versus Schwache Unternehmenskulturen

Unternehmenskulturen können sich aber nicht nur durch die Sichtbarkeit der Elemente wie in Scheins Drei-Ebenen-Modell beschrieben unterscheiden, sondern auch durch die Stärke der Ausprägung. Um zu unterschieden ob eine Kultur stark oder schwach ist, werden drei Faktoren herangezogen: Prägnanz, Verankerungstiefe und Verbreitungsgrad der Unternehmenskultur (siehe Abbildung 4) (Steinmann/Schreyögg 2000: 634f).

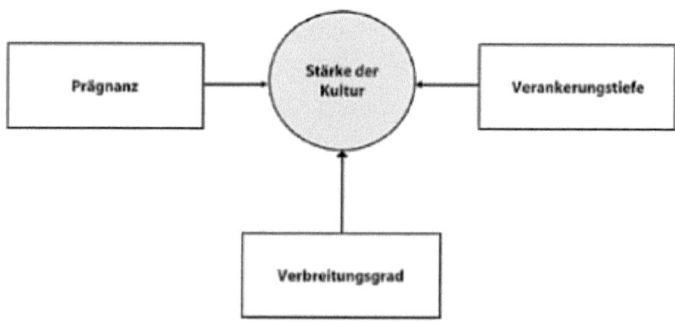

Die Prägnanz einer Unternehmenskultur beschreibt wie eindeutig Orientierungsmuster und Werthaltungen sind, die vermittelt werden. Dafür müssen die Werte und Normen für die MitarbeiterInnen konsistent, widerspruchsfrei und auch nachvollziehbar sein. Bei einer starken Unternehmenskultur wird detailliert vermittelt, welche Vorstellungen als angemessen und welche als unangemessen gesehen werden. Darüber hinaus sind bei starken Unternehmenskulturen die Basisannahmen, die Werte und Normen in möglichst vielen Situationen anwendbar. Bei schwachen Unternehmenskulturen gibt es hingegen keine genauen Orientierungsmuster (vgl. Oblrich 1999: 27ff).

Der Verbreitungsgrad gibt Aufschluss darüber, wie viele Belegschaftsmitglieder die selben Werte und Normen vertreten. Bei starken Unternehmenskulturen ist der Verbreitungsgrad hoch, bei einem schwachen Verbreitungsgrad handeln die Mitarbeiter nach ihren eigenen individuellen Normen. Daher zeichnen sich starke Kulturen durch einen hohes Maß an Homogenität aus (Steinmann/Schreyögg 2000: 634f).

Die Verankerungstiefe beschreibt inwieweit die Belegschaft die Werte und Normen der Unternehmenskultur verinnerlicht hat. Je tiefer die Verankerung, desto weniger werden Orientierungsmuster hinterfragt und desto eher werden Normen als selbstverständlich angenommen. Damit Werte und Normen verinnerlicht werden können ist es notwendig, dass diese sich nicht ständig ändern. Somit spielt die Persistenz bei der Verankerungstiefe eine wichtige Rolle (Steinmann/Schreyögg 2000: 635).

Eine starke Unternehmenskultur zu besitzen erscheint daher zunächst erstrebenswert, denn sie wirkt stabilisierend und reduziert Unsicherheit und Komplexität, weil (fast) alle MitarbeiterInnen die selben Orientierungsmuster und Wertevorstellungen besitzen ((Steinmann/Schreyögg 2000: 620ff). Darüber hinaus können bei starken Unternehmenskulturen Entscheidungen leichter durchgesetzt werden, was als entscheidender Wettbewerbsvorteil genutzt werden kann, besonders dann, wenn sich Unternehmenskultur und Unternehmensstrategie gegenseitig unterstützen (vgl. Barney 1986: 656-665). Andererseits kann eine starke Unternehmenskultur bei sich rasch ändernden Umweltbedingungen zu fehlender

14

Flexibilität bei der Anpassung führen, oder eine notwendige Adaption im schlimmsten Fall sogar gänzlich verhindern (vgl. Schreyögg 1989: 94-113).

3.1.4 Subkulturen

Ebenfalls verknüpft mit der Vorstellung über eine starke Unternehmenskultur, ist die Frage, ob in einem Unternehmen auch weitere Subkulturen entstehen können. Wie bereits im vorherigen Kapitel erwähnt wurde, nimmt die Homogenität der Belegschaft beim Verbreitungsgrad einer Unternehmenskultur eine wichtige Rolle ein Steinmann/Schreyögg 2000: 634).

Subkulturen innerhalb eines Unternehmens können sich entlang von Berufs-, Struktur- und Produktlinien sowie durch unterschiedliche Standorte bilden (Sathe 1985: 376f). Laut Martin und Siehl, wird abhängig von der Stellung der Sub- zur Hauptkultur zwischen drei möglichen Formen unterschieden (Martin/Siehl 1983: 52-54):

1. Verstärkende Subkulturen: In dieser Subgruppe sind die Werte und Normen als in der durchschnittlichen Unternehmenskultur. Sie haben die Werte verinnerlicht und verbreiten sie weiter. Häufig finden man solche Subkulturen im Top-Management.

2. Neutrale Subkulturen: In diesem Subgruppen wird die dominante Hauptkultur akzeptiert. Das Orientierungsmuster der Hauptkultur steht somit nicht im Gegensatz der Subkultur. Es bildet sich eine Kultur, die nicht in Konflikt mit der Hauptkultur tritt. Sie stehen parallel zur Hauptkultur und ergänzen diese. Häufig zu finden sind solche neutralen Subkulturen in Rechts- oder EDV-Abteilungen anzutreffen.

3. Gegenkulturen: Sie bilden ihr eigenes Orientierungsmuster, welches in Konkurrenz zur Hauptkultur steht. Die Werte und Normen stehen dabei in Gegensatz zur dominanten Hauptkultur und führen zu Konflikten.

Steinmann und Schreyögg verweisen in diesem Zusammenhang darauf, dass Organisationen mit ausgeprägten Subkulturen nur schwache Unternehmenskulturen sein können. Zurückzuführen ist die auf die Heterogenität der Belegschaftsmitglieder.

Allerdings können Subkulturen in sich selbst wiederum starke Kulturen bilden (vgl. Steinmann/Schreyögg 2000: 637).

Im Zusammenhang mit M&A scheint es ebenfalls notwendig zu sein, die verschiedenen Subkulturen zu berücksichtigen und auf die jeweiligen Bedürfnisse einzugehen (vgl. Nahavandi / Malekzadeh 1988: 86)

3.1.5 Unternehmenskulturen nach Hofstede

Wie bereits eingangs erwähnt ist es notwendig zwischen nationaler Kultur und Unternehmenskultur zu differenzieren. Unternehmenskulturen werden zwar bis zu einem gewissen grad von der Landeskultur beeinflusst, trotzdem besitzt jedes Unternehmens innerhalb eines Landes seine eigene Unternehmenskultur (Krystek 1992: 539ff). Wesentliche Forschungsarbeit auf beiden Gebieten leistete der niederländische Kulturwissenschaftler Geert Hofstede. 1990 wurde die Studie *Measuring Organizational Cultures: A Qualitative and Quantitative Study Across Twenty Cases* veröffentlicht. Mit Hilfe von Interviews und Umfragen in 20 Abteilungen zehn niederländischer Unternehmen wurden Daten bezüglich der Aufgaben-, Struktur-, und Organisationscharakteristiken gesammelt. Die Ergebnisse dieser Studie zeigen, dass Unterschiede der Unternehmenskultur auf sechs unabhängige Dimensionen zurückzuführen sind (Hofstede et al. 1990: 286):

> ➤ Process vs. Result oriented
> ➤ Employee vs. Job oriented
> ➤ Parochial vs. Professional
> ➤ Open vs. Closed system
> ➤ Loose vs. Tight control
> ➤ Normative vs. Pragmatic

Die erste Dimension, Process-oriented vs. Results-oriented, unterscheidet zwischen Kulturen bei welchen der Weg, also der eigentliche Prozess, das Ziel ist oder eben andererseits eine Kultur bei welcher der eigentliche Output zählt (Hofstede et al. 1990: 302ff).

Die Dimension Employee-oriented beschreibt den Fokus auf die Mitarbeiter, während die Dimension Job-oriented das Streben nach der Erledigung der Arbeit beschreibt ((Hofstede et al. 1990: 303).

Mitarbeiter welche parochial orientiert sind weisen eine hohe Identifikation mit dem Unternehmen auf, während Mitarbeiter welche der Kategorie der professionals angehören sich mehr mit der Tätigkeit an sich als mit dem Unternehmen identifizieren (Hofstede et al. 1990: 304).

Offene und geschlossene Systeme unterscheiden sich dahingehend, dass in offenen Systemen ein eher offenes Kommunikationsklima herrscht, während in geschlossenen dies nicht der Fall ist (Hofstede, G. et al. 1990: 304).

Die fünfte Dimension beschäftigt sich mit dem Grad der internen Strukturierung. „Tight Control" wird dabei mir strikten nicht niedergeschriebenen Strukturen, wie etwa hinsichtlich der Kleidungsvorschriften oder dem Verhalten, in Verbindung gebracht (Hofstede et al. 1990: 304).

Die letzte Dimension beschäftigt sich mit der Kundenorientierung. Während pragmatische Unternehmen eher als „marked-driven" bezeichnet werden, sind normative eher durch interne Antriebe gekennzeichnet (Hofstede et al. 1990: 304).

Für die in späteren Verlauf (siehe Kapitel 5) vorgestellten Ergebnisse dieser Arbeit ist diese Studie von besonderer Bedeutung. Zwar handelt es sich grundsätzlich um eine grenzüberschreitende Akquisition zwischen den Unternehmen GEA und KEA, Konflikte traten aber auch zwischen den beiden im selben Staat beheimateten Unternehmen KEA und KER auf, die im Zuge der Übernahme ebenfalls zusammengeführt wurden. Wie auch in der Studie Hofstedes, stammen beide bei dieser Arbeit untersuchten Unternehmen - sowohl das übernommene, als auch das übernehmende Unternehmen - aus dem selben Cluster. Daher erscheint gerade dieses Modell geeignet, um mögliche Konflikte zwischen zwei Unternehmen des selben Kulturkreises aufzudecken (vgl. Szabo et al. 2002: 55ff).

3.2 Integrationsstrategien nach Marks & Mirvis

Nun stellt sich die Frage wie mit unterschiedlichen Unternehmenskulturen bei Unternehmenszusammenschlüssen umgegangen wird. Das Modell von Marks und Mirvis verdeutlicht in einer Fünf-Felder-Entscheidungsmatrix die verschiedenen Möglichkeiten für das übernehmende Unternehmen. Abhängig von der Intensität des Wandels, entweder beim Zielunternehmen oder beim Käufer, wird zwischen fünf Optionen unterschieden (siehe Abbildung 5).

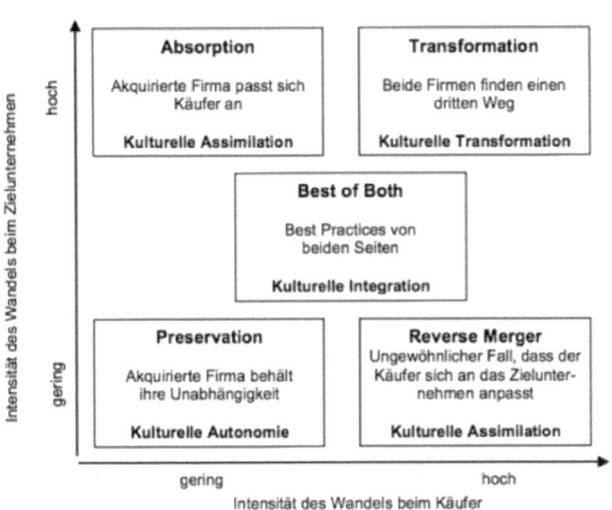

Abbildung 6: Integrationsgrad und Integrationskultur nach Marks und Mirvis

Bei der Preservation behält das sowohl das übernommene Unternehmen, als auch der Käufer seine Unabhängigkeit und kulturelle Autonomie. Somit sind auch keine wesentlichen Maßnahmen bei beiden Unternehmen zu ergreifen. Beim Ansatz der Absorption passt das Zielunternehmen seine Unternehmenskultur dem Käufer an. Dies erfordert strukturelle und organisatorische Veränderungen beim übernommenen Unternehmen. Genau umgekehrt verhält sich die Situation beim *Reverse Merger* Ansatz. Dabei passt der Käufer seine Unternehmenskultur dem gekauften

18

Unternehmen an. In der Praxis ist dieser Fall jedoch eher selten zu finden. Kommt es zur Bildung einer gänzlich neuen Unternehmenskultur, erfordert dies von beiden Seiten einen starken Wandel und man spricht von einer *Transformation*. Zwischen *Preservation* und *Transformation* liegt der *Best of Both* Ansatz. Dabei werden beide Unternehmenskulturen vereint. Dieser Ansatz besagt, dass beide Unternehmenskulturen kombiniert werden und dadurch eine neue, im besten Falle bessere Unternehmenskultur entsteht, die auf beidseitiges Verständnis trifft und auch leichter für die MitarbeiterInnen zu akzeptieren ist (vgl. Marks/Mirvis 1992: 252-254).

3.3 Die Rolle von Emotion bei M&A

Ein weiterer häufig vernachlässigter Faktor neben der Unternehmenskultur sind die Emotionen der betroffenen Mitarbeiter. Erfolg wurde meist nur mit Hilfe von ökonomischen Messgroßen wie dem Gewinn gemessen und vernachlässigte die kulturelle und menschliche Ebene zur Gänze (Marks 1988: 18ff). Zwar stieg die Anzahl der Veröffentlichung zu eben diesen Themen in den letzten Jahren deutlich an, dennoch fehlt es noch immer an fundierter Forschung (Morán et al. 2005: 2). In der Literatur werden Emotionen im Zusammenhang mit M&A häufig nur dann wahrgenommen, wenn es sich um negative Emotionen wie Stress oder Widerstand handelt und gelten daher als unerwünscht und ungewollt. Eine mögliche Erklärung für den Fokus auf negative Emotionen sehen manche Forscherdarin begründet, dass negative Emotionen stärkere Auswirkungen haben und länger wirken als positive Emotionen (Kiefer 2002: 39ff.).

Fest steht M&A sind stark belastend für die Belegschaft, da neue Regeln und Teams geschaffen sowie Strukturen und Abläufe angepasst werden. Dies kann zu unterschiedlichen Emotionen in der Belegschaft führen, angefangen von Verunsicherung bis hin zum Kontrollverlust. Kontrollverlust beschreibt das Gefühl machtlos zu sein und Ereignisse nicht einschätzen, erklären oder beeinflussen zu können (vgl. Winkler/Dörr 2001: 242f.).

Im diesem Kapitel werden zunächst Theorien vorgestellt, die versuchen die Entstehung von Emotionen zu erklären. Darauf folgt ein Abschnitt über die

Wirkungsmechanismen von Emotionen. Abschließend wird das Post Merger Syndroms erklärt, welches stark von negativen Emotionen begleitet wird.

3.3.1. Studie zu Emotionen bei M&A

Eine von Kusstascher und Cooper durchgeführte Studie, über die Beeinflussung von Emotionen durch Vorgesetzte und die Wirkungsmechanismen von Emotionen nach einer Fusion ist Kern dieses Kapitels. Im Zuge dieser Studie wurden 16 MitarbeiterInnen aus vier unterschiedlichen Unternehmen, die entweder teilweise oder ganz zur Gänze von einem neuen Unternehmen übernommen wurden, befragt. Bevor die Ergebnisse dieser Studie präsentiert werden, wird das zu Grunde liegende Modell zur Entstehung von Emotionen erklärt.

3.3.1.1 Entstehung von Emotionen

In der Psychologie gibt es verschiedenste Theorien über die Entstehung von Emotionen. Kusstascher und Cooper verbinden zwei bekannte Modelle, die *cognitive appraisal theory of emotions* und die *social identity theory*.

Kognitive Bewertungstheorien über Emotionen dominieren die moderne Psychologie (Bagozzi et al. 1999: 185). Aber auch in der Managementforschung stoßen sie auf Resonanz, weil Emotionen als rationale Folge von Ereignissen dargestellt werden (Kusstatschaer/Cooper 2005: 55).

Um Emotionen auszulösen wird in allen Kognitionstheorien ein interner oder externer Reiz benötigt, der dann vom Individuum wahrgenommen (cognition) und anschließend bewertet (appraisal) wird. Dieser Vorgang ruft entweder positive oder negative Emotionen hervor. Interne Reize sind beispielsweise die eigenen Gedanken. Als externe Reize bezeichnet man Verhaltensweisen oder Aussagen anderer Personen. Im Zentrum dieser Theorie steht die Bewertung von externen und internen Reizen. Dabei hängt die Stärke und die Art der ausgelösten Emotion von der Relevanz für das jeweilige Individuum ab (Schachter/Singer 1962: 379f).

Bei diesem Modell fließen somit sowohl die individuellen Erfahrungen, als auch die Persönlichkeit in die Entstehung von Emotionen mit ein. Dadurch lässt sich erklären, weshalb der selbe Reiz bei unterschiedlichen Personen, zu unterschiedlichen Emotionen führt (identische Reize werden von Personen unterschiedlich bewertet und führen somit auch zu unterschiedlichen Emotionen). Was jedoch laut Kusstatscher und Coop vernachlässigt wird, ist die Rolle von Gruppen. Denn die von einem M&A Prozess betroffen Mitarbeiter, stehen im ständigem Austausch mit Anderen und werden dadurch Gruppendynamiken ausgesetzt, die die Emotionen beeinflussen. Zu diesem Zweck erweitern die Autoren die kognitive Bewertungstheorie um die Theorie der sozialen Identität. Dabei werden Ingroup und Outgroup Dynamiken berücksichtigt. Damit ist gemeint, dass die Emotionen einer Gruppe der man sich zugehörig fühlt, die eignen Emotionen mitbestimmen (Kusstatscher/Cooper 2005: 58ff.).

Die Verbindung der beiden Theorien scheint für das Entstehen von Emotionen bei M&A durchaus sinnvoll, weil sowohl die Rolle des Individuums, als auch gruppendynamische Prozesse miteinbezogen werden.

3.3.1.2 Beeinflussung von Emotionen durch Vorgesetzte

Laut der cognitive appraisal theory können Emotionen, durch das Verhalten und die Kommunikation von Führungskräften beeinflusst werden (siehe Abbildung 7). Wichtig ist dabei die Unterscheidung, dass die ausgelösten Emotionen der MitarbeiternInnen nicht davon abhängig sind, was die Führungskräfte tatsächlich sagen oder tun. Vielmehr hängt es davon ab, wie dieses Verhalten von den betroffenen Personen bewertet wird (Kusstatscher/Cooper 2005: 64).

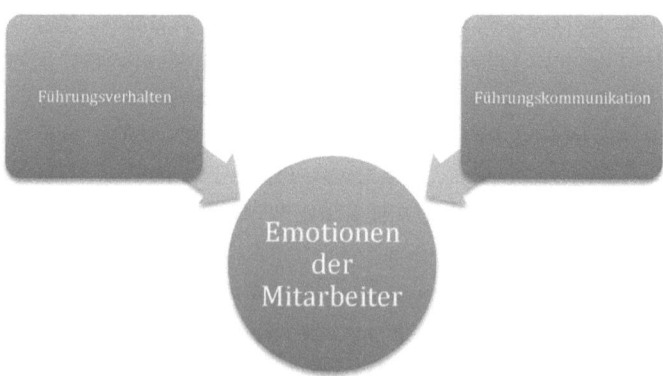

Abbildung 7: Einfluss von Führungskräften auf Mitarbeiteremotionen

21

3.3.1.3 Einfluss von Emotionen auf den Erfolg von M&A

Abgesehen davon wie Emotionen entstehen und wie sie sich beeinflussen lassen, stellt sich nun die Frage, ob Emotionen lediglich das Endprodukt eines Reizes, in diesem Fall eines Unternehmenszusammenschlusses sind, oder ob Emotionen auch Auslöser für weitere Wirkungsmechanismen sein können.

Folgt man nur der *cognitive appraisal theory*, so ist die Antwort eindeutig. Emotionen sind lediglich die Folge eines Reizes, können aber möglicherweise durch das Verhalten und die Kommunikation von Führungskräften beeinflusst werden. Aber haben die Emotionen der MitarbeiterInnen auch Einfluss auf andere Variablen? Diese Frage wurde bisher noch kaum untersucht (Kusstatscher/Cooper 2005: 65). Mit Hilfe der *social identity theory* haben Kusstatscher und Cooper versucht hier eine Verbindung herzustellen. Es wurde untersucht wie sich Emotionen auf...

1. ...das **Kommitment** der MitarbeiterInnen gegenüber dem neuen Unternehmen auswirken.
2. ... die **Identifikation** der Mitarbeiter mit dem neuen Unternehmen auswirken.
3. ... die **Arbeitszufriedenheit** der Mitarbeiter auswirken
4. ... die **Beziehung** zwischen ArbeitskollegInnen und Führungskräften auswirken.
5. ... auf die **wahrgenommene Leistung** des fusionierten Unternehmens auswirken.

Die Forscher nahmen an, dass Emotionen Einfluss auf die fünf angeführten Parameter haben (vgl. Kusstatschaer/Cooper 2005: 75-76). Zusätzlich vermuten die Autoren, dass sowohl das Verhalten, als auch die Kommunikation von Führungskräften die Emotionen der Belegschaft beeinflussen kann (vgl. Abbildung)

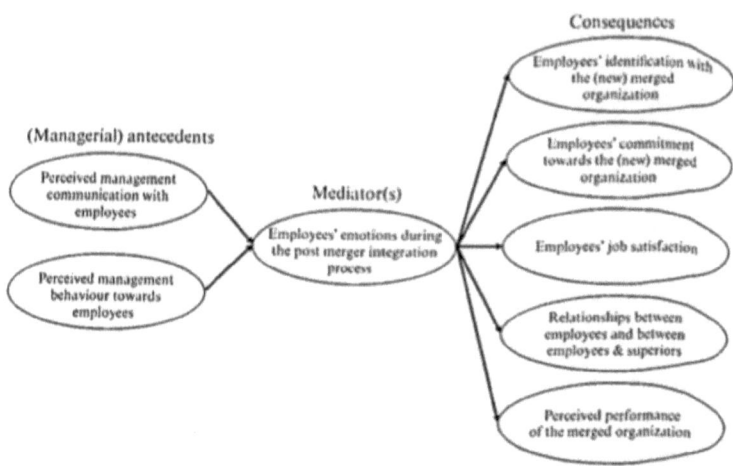

Abbildung 8: Einfluss und Wirkung von Emotionen

3.3.1.4 Ergebnisse der Studie von Kusstatscher und Cooper

Der Einfluss von Führungskräften auf die Emotionen von MitarbeiterInnen durch gezielte Kommunikation und gezieltes Verhalten konnte in dieser Studie nicht nachgewiesen werden. Obwohl in der Fachliteratur immer wieder auf die Wichtigkeit von guter top-down Kommunikation verwiesen wird - beispielsweise durch das Abhalten von Belegschaftsversammlungen bei der die Übernahme öffentlich gemacht wird, um Gerüchten entgegenzuwirken (Applebaum et al. 2000: 682)– konnte diese Annahme nicht bestätigt werden. Es zeigte sich eher, dass die MitarbeiterInnen bei derartigen Veranstaltungen von ihren Gefühlen überwältigt waren und es nicht wagten Fragen an die Unternehmensführung zu richten. Besonders bei großen Unternehmen, fehlt es häufig an Vertrauen. Daher halten es den Autoren Kusstascher und Cooper für sinnvoller, einen direkten Vorgesetzten, dem die Mitarbeiter vertrauen und den sie kennen mit dieser Aufgabe zu betrauen. Es konnte ebenfalls festgestellt werden, dass Mitarbeiter mit denen häufig, offen und ehrlich kommuniziert wurde, tendenziell positivere Emotionen hatten. Bei einer schlechter top down Kommunikation kam es häufiger zur Bildung negativer Emotionen (vgl. Kusstatschaer/Cooper 2005: 160)

Bezüglich des Einflusses von Emotionen auf den Erfolg eines Unternehmenszusammenschlusses konnten folgende Ergebnisse geliefert werden:

Es wurde zunächst bestätigt, dass der Integrationsprozess grundsätzlich stark emotionsgeladen ist. Die Intensität der empfundenen Emotion hängt laut Studie einerseits vom auslösenden Ereignis ab, andererseits vom erwarteten Einfluss der Ereignisses auf das Individuum. Am stärksten waren die Emotionen, wenn das dadurch das eigene Arbeitsleben betroffen wird. Unsicherheiten bezüglich des eigenen Arbeitsplatzes wurden als besonders schmerzhaft beschrieben (vgl. Kusstatschaer/Cooper 2005: 160f).

Kommitment und Identifikation

Identifikation und Kommitment wurden in der Theorie als getrennte Variablen betrachtet. In der Studie zeigte sich jedoch, dass diese beiden Faktoren Hand in Hand gehen: Identifikation mit dem Unternehmen wurde meist über Kommitment ausgedrückt. Laut social identity theory sind positive Gefühle meist gegenüber der eignen Gruppe zu finden. Dies konnte auch in der Studie verifiziert werden:

„...people experience positve emotions (pride and joy) towards their own pre-merger-company. They strongly identify with their company's products, organization culture, name and logo and with the company's success". Negative Gefühle wurden meist mit dem anderen Unternehmen verbunden (Kusstatschaer/Cooper 2005: 161-162).

Arbeitszufriedenheit

Die Arbeitszufriedenheit sank meist im Zuge einer Übernahme. Ursächlich dafür waren teilweise externe Faktoren, wie eine verschlechterte wirtschaftliche Lage oder harte interne Faktoren wie eine Verkleinerung der Unternehmensgröße. Am häufigsten wurden negative Emotionen jedoch durch schlechte Führungskommunikation und Verhalten ausgelöst. Subjektiv wahrgenommene Ungerechtigkeiten, als auch Stress und gesteigerter Druck minderten die Arbeitszufriedenheit bei der Belegschaft. Es zeigte sich ebenfalls, dass sich die Unzufriedenheit der Mitarbeiter negativ auf den Erfolg des Unternehmens auswirkte. Angestellte machten sich sorgen und Gerüchte wurden verbreitet anstatt zu arbeiten. Dies führt dazu, dass die Arbeit nicht effizient erledigt wurde. Zusätzlich verließen einige unzufriede Mitarbeiter das Unternehmen. Somit wirken sich negative Emotionen auf die Motivation, das Kommitment, die Beziehung und auf den Erfolg des Unternehmens aus (Kusstatschaer/Cooper 2005: 162).

Beziehungen

Die Beziehung zwischen Kollegen, Vorgesetzten und der Belegschaft litt häufig während der Integration. Unsicherheit über die Zukunft, der Wettkampf um Positionen, Ängste, Ärger, Eifersucht und Neid waren Ausgangspunkte für Konflikte. Im Unternehme Verbliebene fühlten sich häufig schuldig und traurig, weil ihnen bewusst war, dass sie keinen Einfluss auf die Situation hatten. Zusätzlich mussten sich Verbliebene mit den Anschuldigungen der entlassenen KollegInnen auseinandersetzten. Positiv auf die Emotionen der Verbliebenen wirkten sich gemeinsame Abschiedsfeiern und gute Behandlung der Entlassenen aus (Kusstatschaer/Cooper 2005: 162- 163).

Wahrgenommene Leistung

Es hat sich außerdem gezeigt, dass negative Emotionen wie Wut, Angst oder Frustration dazu führten, dass der Unternehmenszusammenschluss als Fehler empfunden wurde. Positive Emotionen wie Stolz oder Freude konnte die MitarbeiterInnen motivieren und führen dazu, dass der Unternehmenszusammenschluss als Erfolg angesehen wurde (Kusstatschaer/Cooper 2005: 163).

3.3.2 Das Merger Syndrom

Der Begriff Merger Syndrom beschreibt die psychologischen Auswirkungen im Zuge eines M&A-Prozesses auf die Belegschaft und alle daraus folgenden Konsequenzen. Somit umfasst das Merger Syndrom eine Vielzahl von Symptomen, die unterschiedliche Verhaltensweisen und Emotionen bei den Betroffenen auslösen können. Marks und Mirvis erwähnen zwölf Anzeichen für das Vorhandensein des Merger Syndroms. Diese können zeitversetzt aber auch gleichzeitig auftreten. Die ersten sechs Anzeichen treten unmittelbar nach Bekanntgabe der Übernahme auf, die anderen während des Übernahmeprozesses (vgl. Marks/Mirvis 1992: 16f).

1. Das erste Hinweis aus das Merger Syndrom zeigt sich durch gesteigertes Selbstinteresse, sprich die Betroffenen untersuchen welche Auswirkungen die Fusion für sie selbst haben. Dabei stehen Sorgen bezüglich des eigenen

Gehalts und mögliche negative Effekte für die Karriere im Vordergrund (Marks/Mirvis 1992: 16f).

2. Ein weiteres Indiz ist die Phase, in der Gerüchte verbreitet und Worst-Case-Szenarien entwickelt werden.

3. Als dritter Indikator werden Stressreaktionen die mit Anspannung, Angst oder Aggressivität einhergehen genannt. Zusätzlich können sich auch körperliche Symptome wie Kopfschmerzen oder Schlaflosigkeit und erhöhter Tabakkonsum bemerkbar machen.

4. Durch Chaos und Anspannung kann es bei Führungskräften zur Entwicklung eines Krisenmanagements kommen. Außerdem kann eine Kämpfermentalität als Folge eines Wettkampfs um den eigenen Job entstehen.

5. Entscheidungen von Führungskräften werden häufig nicht mehr gemeinsam, sondern im Alleingang getroffen. Die Kommunikation wird stark eingeschränkt und die Mitarbeiter werden im Dunkeln darüber gelassen was im Unternehmen passiert.

6. Die Führungsebene gibt an, die den Merger kontrollieren zu können und verspricht, dass alles ohne Probleme verlaufen wird. Diese Versprechen werden jedoch von der Belegschaft angezweifelt. Die *Illusion der Kontrolle* soll geschaffen werden.

Während der Übernahme sind folgende Symptome des Merger Syndroms zu erkennen:

7. Zwei unterschiedliche Unternehmenskulturen prallen aufeinander. Dies äußert sich durch andere Herangehensweisen in der Organisation, durch unterschiedliche Wertevorstellungen und Führungsstile. Schwächen werden nur in der anderen Organisation gesucht und wahrgenommen.

8. Als *We vs. They* bezeichnen Marks und Mirvis das Symptom, in dem sich die MitarbeiterInnen der beiden Unternehmen auf die Unterschiede anstelle auf Ähnlichkeiten konzentrieren. Dies vergrößert die Kluft zwischen den beiden Unternehmen zusätzlich.

9. *Superior vs. Inferior* beschreibt die Einstellung der Belegschaft sich selbst immer als überlegen wahrzunehmen. Es werden Vergleiche angestellt, wobei das eigene Unternehmen immer als superior wahrgenommen wird.

10. Im übernommenen Unternehmen kann es zu *Angriff und Verteidigung* unter den MitarbeiterInnen kommen, wenn die eigene Position in Unternehmen gefährdet ist. Verstärkt wird dieses Verhalten durch die Wahrnehmung, dass die Belegschaft im übernehmenden Unternehmen genauso handelt.

11. Mit *Gewinner vs. Verlierer* wird das Verhalten bezeichnet, wenn Buch über Entscheidung geführt wird und diese dann als für oder gegen das eigene Unternehmen gerichtet wahrgenommen wird.

12. Als letztes Symptom nennen die Autoren die unfair empfundene Entscheidungsfindung. Werden Entscheidungen im Konsens getroffen oder erzwungen? Setzt sich nur der Stärkere durch oder erhält der Schwächere Mitspracherecht? Werden faule Kompromisse eingegangen?

In diesem Kapitel wurde bisher untersucht wie Emotionen entstehen und wie welche Emotionen bei M&A auftreten. Darüber hinaus wurde ein häufig beobachtbares, mit negativen Emotionen behaftetes Phänomen, das Merger Syndrom, vorgestellt.

4. Methode

Im folgenden Kapitel wird beschrieben, wie bei der Datenerhebung vorgegangen wurde, welche Personen befragt wurden und wie die Auswertung der Daten erfolgte.

4.1 Datenerhebung

Diese Arbeit untersucht die Akquisition der Fluglinie KEA durch den GEA-Konzern, die im Jahr 2008 stattfand. Ziel war es, ein Modell über die Wirkungsmechanismen unterschiedlicher Unternehmenskulturen in Kombination mit dem Einfluss von Emotionen bei M&A zu erstellen. Als Forschungsmethode wurde die *Grounded Theory* gewählt. Diese Methode ermöglicht die Analyse verschiedener qualitativer Daten, um anschließend ein theoretischer Modell zu entwickeln (Glaser/Strauß 1967, Strauss/Corbin 1998). Qualitative Daten wurden in erster Linie über teilstrukturierte Interviews gewonnen. Für die Untersuchung wurde nach MitarbeiterInnen der übernommen Unternehmen KEA und REA gesucht, da Konflikte laut Medienberichten primär in diesen Unternehmen entstanden. Alle Interviews wurden in den Monaten Juli, August und September des Jahres 2015 durchgeführt. Zusätzlich dazu wurden Medienberichte der vergangenen acht Jahre sowie Einträge aus einschlägigen Internetforen herangezogen.

Alle Interviews und die erforderliche Literaturrecherche wurden von einer Person durchgeführt. Die Suche nach Interviewpartnern aus den Unternehmen KEA und REA begann im Mai 2015. Drei der neun Interviews wurden über persönliche Kontakte generiert. Zusätzlich wurde eine Annonce in einem Internetforum, das mehrheitlich von PilotInnen und dem fliegendem Personal des Unternehmens KEA und REA genutzt wird, geschalten. Jedes Interview wurde transkribiert und anschließend mithilfe eines für die qualitative Forschung entwickelten Softwareprogramms codiert.

Die Interviewfragen zu den Themen Unternehmenskultur und Emotionen waren zu Beginn der Datenerhebung sehr breit gefächert und allgemein gehalten. Erst nachdem einige Interviews durchgeführt wurden und eine erneute Literaturrecherche erfolgte, konnten die Interviewfragen adaptiert und an den Sachverhalt angepasst werden. Um Situationen besser erfassen zu können, war es außerdem notwendig zusätzliche oder ergänzende Fragen während eines Interviews zu stellen. Es sollte ein offenes Gespräch zwischen Interviewer und Interviewtem entstehen. Daher schwankte die Anzahl der gestellten Fragen, in Abhängigkeit des Interviewverlaufs. Grundsätzlich wurde jedes Interview mit den selben Einstiegsfragen eröffnet. Ziel dieser Fragen war es, allgemeine Informationen zu über die Person und die Position im Unternehmen zu erhalten. Dazu wurden beispielsweise folgende Fragen gestellt: *„Wie lange sind Sie bereits für KEA/KER tätig?"*, *„Haben Sie zuvor bereits für eine andere Airline gearbeitet?"*, *„Weshalb haben Sie sich für KEA/KER entschieden?"* und *„Welche Positionen haben Sie während dieser Zeit im Unternehmen bereits durchlaufen?"*

Anschließend wurden Fragen über den Verlauf des Unternehmenszusammenschlusses gestellt. Dabei stand die Identifikation kritischer Interaktionsereignissen, deren Entstehung und Wirkung auf das Individuum und die Belegschaft im Vordergrund. Unter anderem wurden dazu folgende Fragen gestellt: *„Von wem und wie wurden Sie über die Übernahmepläne informiert?"*, *„Wie war die Stimmung bei Ihnen/der Belegschaft nach Bekanntwerden der Übernahmepläne?"*, *„Hatten Sie Ängste oder Befürchtungen in Zusammenhang mit diesem Ereignis und weshalb?"*, *„Welche Änderungen ergaben sich durch die Übernahme für Sie?"* und *„Wie wurden Sie bzw. die Belegschaft bei Entscheidungen die Ihre Tätigkeit betreffen miteingebunden?"*.

Die Dauer eines Interviews schwankte zwischen 22 Minuten beim kürzesten und 86 Minuten beim längsten. Durchschnittlich ergab sich somit eine Länge von 50 Minuten je Gespräch.

4.2 Sample

Insgesamt konnten 9 Personen für ein Interview gewonnen werden. Alle Interviews fanden nach der Übernahme des Unternehmens statt (vgl. Abbildung 9).

Unternehmen	Datum des Interviews	Interview-dauer	Im Unternehmen seit (-bis)	Geschlecht	Position	Ab-kürzung	Trans-kript-länge
KEA	22.07.15	22 Min.	1993	m	Purser	P1	10 S.
KEA	31.07.15	44 Min.	2010 - 2015	m	Management	P2	20 S.
KER	01.08.15	47 Min.	2006	m	First Officer	P3	21 S.
KER	07.08.15	49 Min.	2008	w	First Officer	P4	26 S.
KER	13.08.15	83 Min.	1991	m	Kapitän	P5	35 S.
KEA	01.09.15	85 Min.	1998	m	Kapitän	P6	40 S.
KEA	08.09.15	46 Min.	1994	m	Kapitän	P7	24 S.
KEA	15.09.15	39 Min.	2009	w	HR-MA	P8	20 S.
KEA	25.09.15	86 Min.	1993	m	Kapitän	P9	44 S.
Summe		455 Min.					240 S.

Abbildung 9: Samplebeschreibung

Wie aus der Tabelle abgelesen werden kann, sind acht der neun befragten Personen noch immer aktiv im Unternehmen tätig. Lediglich eine der befragten Personen hatte das Unternehmen zum Zeitpunkt des Interviews bereits verlassen. Drei der neun befragten Personen waren ursprünglich bei KER tätig, die Übrigen bei KEA. Sieben der befragten Personen sind männlich, lediglich zwei sind weiblich. Sieben Personen gehören dem fliegenden Personal an, eine Mitarbeiterin startete ihre Karriere bei KEA als Industriekauffrau und wechselte später in die Human Resources Abteilung und ein Mitarbeiter war im mittleren Management tätig. Der Mitarbeiter mit der längsten Betriebszugehörigkeit startete seine Karriere bei KER im Jahr 1991. Über die geringste Betriebszugehörigkeit mit fünf Jahren, verfügte jener Mitarbeiter, der das Unternehmen KEA im Jahr 2010 betrat und 2015 verließ. Die Betriebszugehörigkeit stellt gerade beim fliegenden Personal eine wichtige Kennzahl dar. Je länger die Dauer der Betriebszugehörigkeit, desto weiter oben ist man der Senioritätsliste angesiedelt. Die Position in der Senioritätsliste bestimmt unter anderem, wann es zu Upgradings, also zum Aufstieg vom Kopiloten zum Kapitän, kommt. Somit stellt die Seniorität das wichtigste Merkmal für die hierarchische Position beim fliegenden Personal dar.

4.3 Datenanalyse

Die computergestützte Auswertung der Interviewtranskripte erfolgte fortlaufend während der Datenerhebung. Die in den Interviews gewonnen Ergebnisse hatten somit ebenfalls Einfluss auf die Fragen, die in zukünftigen Interviews gestellt wurden. Für die Analyse der Interviewtranskripte wurde das Softwareprogramms ATLAS.ti verwendet. Dazu wurde zunächst jeder Textteil aus den Interviews auf seine Bedeutung hin untersucht. Dazu wurde jeder als relevant erachteten Textpassage ein Kode zugewiesen. Diese Kodes wurden entweder induktiv aus den vorhandenen Textteilen oder deduktiv aus der fortlaufend stattfindenden Literaturrecherche abgeleitet. Die erstellten Kodes wurden ständig miteinander verglichen und im weiteren Verlauf nach passenden Subkategorien gesucht. Durch den ständigen Vergleich von neuen und zuvor gewonnen Daten, war es gegebenenfalls notwendig, bereits kodierte Textteile neu zu kodieren beziehungsweise durch neue (Sub)Kodes zu ergänzen. Textteile mit denselben inhaltlichen Aussagen von unterschiedlichen

Personen, erhielten denselben Kode. Dadurch konnten kritische Interaktionsereignisse, die Ausgangspunkt für die weitere Theoriebildung waren, identifiziert werden. Insgesamt wurden rund 90 Kodes erstellt. Eine vereinfachte Liste der wichtigsten Haupt- und Subkategorien wird in Abbildung 10 dargestellt. Die gesamte Kodierungsliste kann im Anhang gefunden werden.

Hauptkategorie	Subkategorie
Emotionen	Ablehnung
	Angst
	Erleichterung
	Frustration
	Gleichgültigkeit
	Neid
	Resignation
	Ungerechtigkeit
	Unsicherheit
	Unzufriedenheit
	Vertrauen
	Wut
	Zuversicht
Unternehmenskultur GEA	Elitäres Selbstbild
	Frage der Vertrauenswürdigkeit
	Führungsstil
	Glaubwürdigkeit
	Interne Konkurrenz
	Kommunikation
	Leistungsorientierung
	Mitspracherecht
	Offenheit/Diversität
	Werte/Normen
	Wertschätzung
Unternehmenskultur KEA	Elitäres Selbstbild
	Frage der Vertrauenswürdigkeit
	Historischer Hintergrund
	Prestige
	Macht der Piloten/Mitspracherecht
	Fehlende Wirtschaftlichkeit
	Homogenität der Belegschaft
	Loyalität
	Mangelnde Aufstiegschancen
Unternehmenskultur KER	Aufstiegschancen
	Diversität
	Faire Entlohnung
	Familiäre Atmosphäre
	Solidarität
	Wirtschaftlichkeit
Folgen von Konflikten	Demotivation
	Flugausfälle
	Hohe Arbeitsbelastung
	Rechtliche Konsequenzen
	Unternehmensaustritte
	Verlust an Loyalität

Abbildung 10: Liste der wichtigsten Kodes

5. Ergebnisse

In diesem Kapitel werden kritische Interaktionsereignisse, die im Zuge der Übernahme des Unternehmens KEA durch die GEA entstanden sind beschrieben. Des Weiteren wird die Rolle von Unternehmenskulturen und von Emotionen im Zusammenhang mit diesen Konflikten analysiert. Abschließend wurde ein Modell erstellt, welches den Einfluss unterschiedlicher Unternehmenskulturen und Emotionen auf den Unternehmenserfolg erklären soll.

5.1 Hintergrundinformationen

Zum besseren Verständnis wird kurz der historische Verlauf des Unternehmens KEA bis zur Übernahme durch den *GEA-Konzern* erläutert. Das Unternehmen KEA wurde wie beschrieben als Staatsunternehmen gegründet und hatte in seiner Firmengeschichte bereits selbst mehrere Fluglinien akquiriert. Ende der 1990er erfolgte die Übernahme der Regionalfluglinie *KER*, welche ähnliche Strecken bediente wie die unternehmenseigene Regionalfluglinie *KEA-Regional*. Kurze Zeit später wurde die *KEA-Regional* in die neu erworbene *KER* integriert. *KER* war bis zur Übernahme in Privatbesitz und wirtschaftlich eigenständig. Auch nach der Übernahme blieb *KER* als eigenständige Regionaltochter erhalten. Zu Beginn der 2000er übernahm die *KEA* eine weitere private Fluglinie *PF*, welche zum Zeitpunkt der Übernahme stark defizitär operierte.

Diese Übernahmen hatten zur Folge, dass in der *KEA-Gruppe* drei unterschiedliche Kollektivverträge für das fliegende Personal vorhanden waren. Nach der Übernahme der KEA-Gruppe durch den GEA-Konzern erwies sich das Vorhandensein mehrerer Kollektivverträge als besondere Herausforderung.

Im Verlauf der Interviews stellte sich heraus, dass Konflikte bezüglich unterschiedlicher Unternehmenskulturen auf mehreren Ebenen zu finden waren. Einerseits entstanden Konflikte aufgrund der Übernahme zwischen den Unternehmen GEA, KEA und KER. Anderseits hatte die Übernahme der beiden Unternehmen KEA und KER auch weitreichende Folgen auf das Verhältnis zwischen dem Mutterunternehmen KEA und der bis dahin weitestgehend eigenständigen Regionaltochter KER.

5.2 Kritische Interaktionsereignisse vor der Übernahme

Der GEA-Konzern ist wie in Kapitel 2 beschrieben, bereits seit vielen Jahren in privater Hand. Im Gegensatz dazu stand das Unternehmen KEA, bis zum Zeitpunkt der Übernahme unter staatlichem Einfluss und hatte in seiner Vergangenheit bereits häufig mit starken wirtschaftlichen Problemen zu kämpfen.

Zu Beginn des Bieterprozesses für den KEA-Verkauf, bekundete eine Reihe von Investoren Interesse an der Übernahme des Unternehmens. Nach einem über einjährigen Bieterverfahren und der wettbewerbsrechtlichen Genehmigung durch die EU-Kommission erhielt schlussendlich die GEA im Jahr 2009 den Zuschlag.

Um das Unternehmen fit für den neuen Besitzer zu machen führte das Management des Unternehmens KEA weitrechende Sanierungsmaßnahmen ein. Diese Sanierungsmaßnahmen waren Bedingung für den Abschluss des Geschäfts zwischen GEA und KEA. Umgesetzt wurden sie allerdings noch von der damaligen KEA-Unternehmensführung. Zu diesem Zweck verabschiedete die Unternehmensspitze laut Medienberichten mehrere Sparpakete mit einem Gesamtvolumen von mehr als 500 Millionen Euro. Ziel war die Reduktion der Kosten beim Personal durch Kurzarbeitszeitmodelle und einem Gehaltsverzicht, sowie die Neuverhandlung von Verträgen mit Lieferanten und die Restrukturierung der Flotte. Auch den Mitarbeitern war der ernst der Lage bewusst

„Also ich muss dazusagen seit ich in dieser Firma bin geht es kontinuierlich bergab."
(P6, KEA, 1/2, 06:01)

Diese schwierige Ausgangsituation hatte auch Einfluss auf die Gefühlslage der Mitarbeiter. Besonders jüngere PilotInnen, die erst seit kurzer Zeit den Pilotenberuf ausübten, litten unter großen Zukunfts- und Existenzängsten. Dafür gab es mehrere Gründe. Durch die starke Abhängigkeit der Luftverkehrsbranche von der globalen Weltwirtschaft, waren Jobalternativen im Falle eines Arbeitsplatzverlustes in Zeiten einer seit Jahren andauernden Wirtschaftskrise nur schwer zu finden. Potenzielle Arbeitsplätze waren meist nicht in Europa, sondern in Asien oder den Vereinigten

Arabischen Emiraten zu finden. Für junge PilotInnen mit Familie wäre ein solcher Schritt jedoch nicht möglich oder mit zu hohem Aufwand verbunden. Zusätzlich mussten gerade jüngere PilotInnen um ihren Arbeitsplatz bangen. Aufgrund des Senioritätsprinzips in der Fliegerei, müssen PilotInnen mit der geringsten Betriebszugehörigkeit bei Kündigungen als Erste das Unternehmen verlassen. Des Weiteren waren viele junge PilotInnen aufgrund der hohen Kosten der Pilotenausbildung stark verschuldet. Die Kombination dieser Faktoren löste somit gerade bei jüngeren PilotInnen große Ängste aus:

„(...) KER-seitig waren natürlich Ängste da, ...In meinem Falle eine sehr, sehr große Existenzangst, weil ja auch mein Job ganz lange auf dem Spiel stand. Man ist gerade fertig mit der Ausbildung, man hat ca. 70.000€ Schulden, die Jobperspektiven weltweit sind sehr schlecht. Es war eine sehr angespannte Situation. Du bist neu, du musst dich eigentlich aus das Wesentliche, auf die Arbeit konzentrieren. Also es war,... ja, recht fordernd dieses erste Jahr." (P4, KER, 08:01)

Allerdings teilten nicht alle diese Ängste. KER-Piloten mit längerer Betriebszugehörigkeit, die in der Senioritätsliste weiter oben angesiedelt waren, fürchteten sich kaum vor möglichen Konsequenzen eines drohenden Konkurses. Laut Meinung dieser PilotInnen würde das Tochterunternehmen im Falle eines Konkurses weiterbestehen, weil lediglich das Mutterunternehmen KEA, nicht jedoch das die Regionaltochter KER Verluste erwirtschafte.

Diese Sichtweise deutet bereits auf zwei Symptome des Merger Syndroms hin, die nach einer Übernahme auftreten können. Einerseits erfolgte die Kategorisierung in *superior* versus *inferior*, indem das eigene Unternehmen als gut bezeichnet wird. Das Mutterunternehmen KEA wird somit implizit als schlechter beziehungsweise *inferior* gesehen. Andererseits wird deutlich, dass kein „Wir-Gefühl" im Unternehmen vorhanden ist. Es wird noch immer in *Wir (KER)* und *Sie (KEA)* unterteilt (vgl. Marks/Mirvis 1992: 16f):

„Wenn es dem Eigentümer der KER schlecht geht, dann kannst du das nicht einfach negieren. (...) Aber angenommen die KEA geht in Konkurs, was wird dann aus der KER werden? Was macht ein Konkursrichter? Der Konkursrichter muss schauen, dass er aus der Konkursmasse noch etwas macht. (...) Und ein Unternehmen (KER), das nur schwarze Zahlen schreibt, immer nur geschrieben hat, gut strukturiert ist... (...) Aber, dass wir jetzt da ganz extreme Ängste hatten in der Belegschaft kann ich vom Flugbetrieb her nicht behaupten... Ein paar fürchten sich sowieso zu Tode... zu Tode gefürchtet ist auch gestorben (lacht). Aber größtenteils hat man das schon sehr

nüchtern und realistisch gesehen. Weil wir gesagt haben wir haben ein gutes Unternehmen. (P5, KER, 3/3, 08:53)

Aber auch die Piloten der KEA-Seite zeigten sich wenig besorgt. Die Gründe dafür sind ebenfalls vielfältig. Zum einen waren die befragten Personen ranghohe Kapitäne, die in der Senioritätsliste weiter oben angesiedelt sind und daher im Falle von Kündigungen nicht unmittelbar betroffen wären. Maßgeblich scheint außerdem die bereits gemachte Erfahrung der Mitarbeiter mit ähnlichen Situationen. Weil seit vielen Jahren davon gesprochen wurde, wie schlecht es dem Unternehmen geht, und trotzdem keine weitreichenden Gegenmaßnahmen vom Management ergriffen wurden, haben Warnungen ihre Wirkung verloren. Dies deutet auch auf eine Unternehmenskultur hin, die nicht von wirtschaftlichen Gesichtspunkten geprägt war:

„(...) So nach dem Motto: "Wenn Sie hier noch Platz haben für... oder wenn Sie da noch das Geld aus dem Fenster schmeißen... und da gibt es ein Projekt, das nicht funktioniert"... so lange geht es uns gut. Das hat keiner ernst genommen. (...) Also wenn du jeden Tag Feueralarm hast im Haus, dann hörst du ihn nicht mehr." (P6, KEA, 1/2, 06:33)

Unsicherheitsverstärkend wirkte ebenfalls die Tatsache, dass lange Zeit nicht bekannt war, wer das Unternehmen KEA schlussendlich übernehmen wird. Informationen wurden während des Bieterprozesses nicht an die Belegschaft weitergeleitet. Meist erfuhren die Mitarbeiter Neuigkeiten über die Medien, bevor sie selbst von der Unternehmensführung informiert wurden. Auch der sogenannte Kantinentalk war zu dieser Zeit von Gerüchten und Vermutungen geprägt. Allerdings versuchten einige Mitarbeiter sich bewusst von solchen Gerüchten nicht beeinflussen zu lassen und schotteten sich ab:

„Also da hast du im Prinzip firmenintern nicht mehr erfahren als in der Zeitung gestanden ist. Und ich meine ja... es gab und gibt immer Gerüchte, diesen Kantinentalk. Aber das ist auch immer wieder, ein Körnchen Wahrheit ist dabei, aber das meiste ist... Wenn du dir das ganze zu Gemüte führst, was du so an Gerüchten hörst, dann bist du spätestens ein Jahr später in der Klapsmühle würde ich sagen. Dann war es immer so "Nein wir werden zugesperrt, wir werden an die -keine Ahnung- verkauft oder dort oder dort hin." Also es gab die ganze Bandbreite. Geworden ist es die GEA. Wie gesagt Internes wurde damals nicht nach Außen getragen." (P6, 1/2, 04:38)

Wie zuvor angedeutet können auch unterschiedliche Unternehmenskulturen als Grund für die unterschiedliche Wahrnehmung der Situation genannt werden.

Mitarbeiter des Unternehmens KER verwiesen des Öfteren darauf, dass das staatliche Unternehmen KEA früher nicht das Ziel verfolgte, Gewinne zu erzielen. Vielmehr hatten sie einen Staatsauftrat zu erfüllen. Das Unternehmen KER hingegen war bis zur Übernahme durch die KEA ein Privatunternehmen und somit dem freien Wettbewerb ausgesetzt und verfolgte in erster Linie wirtschaftliche Ziele. Das Vertrauen der KEA-Belegschaft in den ehemaligen Staatsbetrieb scheint daher stärker verankert zu sein, als beim Unternehmen KER. Dieses Vertrauen wirkte sich unsicherheitsvermindernd bei der KEA-Belegschaft aus:

Bei der KEA, das ist aber mein persönlicher Eindruck, da habe ich immer empfunden, dass sie sehr sehr wenig Angst haben, dass es nicht weitergeht. Sie waren immer ein staatlicher Betrieb. Es ist immer irgendwie weitergegangen. Ich glaube die hatten deshalb weniger Ängste, als jetzt der KER-Teil der Belegschaft, der doch aus einem etwas wirtschaftlicheren Hintergrund kommt und aus einem Wettbewerb kommt. Also ich kann es eigentlich nur in zwei Lager teilen. Die, die sich weniger gefürchtet haben vor der Zukunft aufgrund der verwöhnten Vergangenheit... das ist jetzt vermutlich auch ein bisschen gefärbt von mir, aber es ist so wie im Kommunismus. Alles was staatlich gestützt wird ist natürlich auch mit sehr viel Vertrauen bei der Belegschaft. Es wird schon irgendwie weitergehen, sie können uns ja nicht fallen lassen. Also auch so dieses Vertrauen so, in diese Politik und in diese Wichtigkeit die sie haben. (P4, KER, 06:56)

Zusammenfassend kann gesagt werden, dass die Phase vor der Übernahme besonders für junge PilotInnen, die in der Senioritätsliste weiter unten angesiedelt sind, eine kritische Phase darstellte, weil sie von Kündigungen unmittelbar betroffen wären. Die Ungewissheit über die Zukunft verbunden mit Existenzängsten durch Ausbildungskredite wirkten sich negativ auf die Emotionen der Betroffenen aus. Bei ranghöheren PilotInnen traten weniger Ängste und Befürchtungen auf. Somit kann dieser Belegschaftsteil bereits als Subgruppe bezeichnet werden. Anzeichen dafür, dass diese negativen Emotionen zu diesem Zeitpunkt Auswirkungen auf die Leistungsbereitschaft der Belegschaft hatten, konnten nicht gefunden werden. Unterschiedliche Unternehmenskulturen wirkten sich ebenfalls auf den Umgang mit der Situation aus. Die KEA-Kultur, die von staatlicher Nähe geprägt ist, wirkte sich unsicherheitsvermeidend bei diesem Belegschaftsteil aus. Das Vertrauen der Piloten, dass „schon alles gut gehen wird", wurde über viele Jahre hinweg bestätigt. Trotz der seit langem angekündigten Maßnahmen zur Sanierung, hatten besonders ranghohe KEA PilotInnen nicht mit schwerwiegenden Konsequenzen zu rechnen. Vielmehr hatten sie die Erfahrung gemacht, dass trotz des ihrer Meinung nach schlechten

Managements, die Weiterführung des Unternehmens durch die Staatsnähe gesichert war. Außerdem kam es zu einer Art Gewohnheitseffekt, weil die KEA-Belegschaft ständig schlechten Nachrichten ausgesetzt war.

5.3 Kritische Interaktionsereignisse während und nach der Übernahme

Unterschiedliche Unternehmenskulturen gelten in der Literatur als Hauptgrund für das Scheitern von Unternehmenszusammenschlüssen. In diesem Kapitel wird die Rolle der Unternehmenskultur bei kritischen Interaktionsereignissen untersucht. Auch bei dieser Übernahme kam es zum „clash of culturues". Allerdings traten kritische Interaktionsereignisse, nicht wie vermutet zwischen dem akquirierenden Unternehmen GEA und den übernommenen Airlines KEA und KER auf, sondern zwischen KEA und KER.

Nach der Übernahme durch den GEA Konzern, änderte sich gegen die Erwartungshaltung der Belegschaft zunächst wenig. Dies galt insbesondere für ranghohe KEA- und KER-PilotInnen aufgrund des Senioritätsprinzips. Zwar zeigten sich einige Mitarbeiter erleichtert darüber, dass endlich ein Käufer für das Unternehmen gefunden war, allerdings empfanden manche die Lage als chaotisch. Dies äußerte sich unter anderem im mangelnder Mitarbeiterkommunikation. Man hatte das Gefühl nicht zu wissen, wohin man steuert:

Des war (...) eine Erleichterung. (...) Aber richtig kommuniziert wurde nicht. Es war einfach chaotisch im ganzen Unternehmen. Geäußert hat sich das vor allem durch schlechte Mitarbeiterkommunikation, dass man eben... in der Zeit das meiste aus den Nachrichten erfahren hat. (...) Nach der Übernahme hat man dann gesagt, das ist jetzt mal erledigt, jetzt kann man wieder nach vorne blicken. Die GEA hat dann aber... da ist langsam was passiert. Die hat zuerst einmal die KEA werken lassen, also die haben sich das einmal angeschaut... gewisse Vorgaben gemacht, denk ich mal, ...aber im Grunde haben sie geschaut, ob die KEA das selbst auf die Reihe kriegen. Und dann haben sie, die KEA weiterhin Verluste geschrieben, sogar verschlechtert, da sind ja dann noch ein paar Krisen dazugekommen. Im Irak, die Ukraine, mit der Vogelgrippe,... das waren auch alles Argumente im Endeffekt. Aber es ist weiterhin bergab gegangen nach der Übernahme. (P3, KER, 11:50)

Der Umstand, dass wichtige Informationen häufig zuerst in öffentlichen Medien zu finden waren und nicht direkt im Unternehmen an die Belegschaft weitergeleitet wurde, führte dazu, dass sich einige Mitarbeiter weniger wertgeschätzt fühlten:

(...) Es ist eher so dieser Wertschätzungsfaktor der hier verloren geht. Gar nicht so sehr der Sicherheitsaspekt, so was Jobsicherheit betrifft, sondern eher ... ich würde es eher auf die Wertschätzung der Mitarbeiter ummünzen. Wie du als Mitarbeiter, als Personal, wertgeschätzt wirst verliert natürlich dann (...) sehr, wenn Informationen, so essenzielle Informationen, zuerst über die Medien kommen und dann erst direkt kommuniziert werden.

Die zuvor erwähnte Freude über den neuen Eigentümer teilten jedoch nicht alle Mitarbeiter. Einige zeigten sich skeptisch gegenüber dem neuen Eigentümer und hatten wenig Vertrauen in die neue Führung. Durch die örtliche Nähe des neuen Eigentümers, fürchteten sich einige Mitarbeiter vor steigendem Konkurrenzdruck. Diese Grundhaltung der KEA-Belegschaft deutet auf die Furcht vor möglichen Veränderungen hin:

„Wie sind in einem Geschäft, wo der Partner nicht zu nahe sein darf. Sonst nimmt er dir automatsch dein Geschäft weg. (...) Bei der GEA war klar, dass die Probleme macht. Ich war überzeugt, dass das nichts wird." (P9, KEA, 1/2, 26:01)

Diese Aussage deutet auf zwei Symptome des Merger Syndroms hin. Zum einen wurden gleich zu Beginn nach der Übernahme Worst Case Szenarien entwickelt zum anderen Ängste und Befürchten geschürt.

Außerdem kann dieser Umstand wiederum als Indiz für die bis zur Übernahme fehlende wirtschaftliche Ausrichtung des Unternehmens KEA gewertet werden. Privatunternehmen müssen sich am freien Wettbewerb behaupten um langfristig erfolgreich zu sein. Der Staatsbetrieb KEA erfuhr in der Vergangenheit immer wieder Zuwendungen der öffentlichen Hand, um den Betrieb aufrechtzuerhalten. Die misstrauische Haltung der Belegschaft kann auch als Angst vor Änderungen gewertet werden.

Wie bereits erwähnt stellte die GEA-Gruppe zahlreiche Bedingungen für den Kauf der KEA-Gruppe. Die einleitend erwähnten Sparmaßnahmen waren ein Teil davon. Wichtig erscheint in diesem Zusammenhang, dass der neue Eigentümer zwar konkrete Benchmarks vorgab, jedoch nicht wie diese Ziele erreicht werden sollten. Dieser Umstand deutet auf eine starke Ergebnisorientierung (vgl. Kap. 3.1.5) der Unternehmenskultur beim neuen Eigentümer hin. Laut Hofstede steht dabei der Output und nicht wie das Ziel erreicht wird im Fokus. Dieser Fokus steht somit im Gegensatz zur bis dahin vorhandenen Unternehmenskultur:

(...) die geben uns jetzt halt Benchmarks vor und die müssen wir halt erreichen. Wie wir das tun ist der GEA egal. Und das war so, die haben halt jetzt einfach das ganze gekauft, dann haben wir halt weitergewurschtelt und 2012 kam es dann halt zum Eklat. (P6, KEA, 08:01)

Eine der Voraussetzung für den Kauf betraf die Restrukturierung der Flugzeugflotte. Um die Stückkosten zu senken, sollte ein Teil der Flotte ausgemustert und durch eine geringere Anzahl an effizienteren und zugleich größeren Flugzeugen mit einer höheren Sitzplatzkapazität ersetzt werden. Ein Jahr nach der Übernahme wurde diese Maßnahme umgesetzt und verursachte einen bis heute andauernden und tiefverwurzelten Konflikt zwischen KEA und KER. Weil die Anzahl der neugekauften Flugzeuge geringer war, als die Anzahl der ausgemusterten, sollte eine Reduktion des Personalstandes um 400 Stellen vorgenommen werden. Rund 70 Kapitäne und 60 Kopiloten der KER wären von dieser Maßnahme betroffen. Die 70 KER-Kapitäne entschieden sich für eine großzügige Abfertigung und verließen das Unternehmen freiwillig. Um die Arbeitsplätze der verbleibenden 60 Kopiloten zu erhalten, einigten sich die KER-Piloten einstimmig auf ein Kurzarbeitsmodell. Durch einen Gehaltsverzicht und einer Reduktion der Arbeitszeiten, sollten Einsparungen in gleicher Höhe erreicht werden. Um dieses Solidarpaket zu verabschieden war noch die Zustimmung von drei Parteien notwendig. Sowohl die Geschäftsführung als auch der Betriebsrat der KER stimmten dieser Maßnahme zur Erhaltung der Arbeitsplätze zu. Lediglich die Gewerkschaft, die laut KER-Belegschaft von Vertretern der KEA dominiert wird, lehnte dieses Vorhaben ab. Die KER-Belegschaft sah in diesem Vorgehen einen absichtlichen Sabotageakt, um die Macht der KER-Belegschaft im Unternehmensverbund zu verringern:

(...) Und warum will das die Gewerkschaft, diese KEA dominierte Gewerkschaft? Sie sagen: "Wenn wir 70 von den KER Leuten wegbekommen, dann haben wir einen viel kleineren Haufen, den wir in Zukunft unterdrücken können oder dominieren können, als wenn wir 70 mehr haben." Natürlich waren die froh, wenn bei uns weniger Leute gewesen wären und darum haben die abgestimmt: "Weg damit!".

Die offizielle Begründung für das Ablehnen des Solidapaketes durch die Gewerkschaft war ein rechtwidriger Passus bezüglich der Teilzeitarbeit. Dieser Vorfall wurde auch in der öffentlich kritisch beobachtet und hinterfragt und führte letztendlich dazu, dass die Gewerkschaft dem Kurzarbeitszeitmodell zustimmen musste.

Die Grabenkämpfe zwischen KEA und KER haben jedoch einen historischen Hintergrund und führten bereits in der Vergangenheit zu Konflikten. Im Gegensatz zur KEA arbeitete die in Privateigentum befindliche KER bereits in der Vergangenheit profitabel. Grund dafür waren günstigere Kostenstrukturen bei den Gehältern und ein geringerer Verwaltungsaufwand. Nach der Übernahme der KER durch die KEA Ende der 1990er wurden wurden große Teile der Kurzstrecke der KEA auf die KER übertragen. Dadurch erfuhr das Unternehmen eine starke Expansion, was dazu führte, dass die KER zu seinen besten Zeiten eine Pilotenbelegschaft hatte, die beinahe so groß war, wie die der KEA. Auch bei Neuzugängen in der Kurzstreckenflotte kam es häufig dazu, dass diese Flugzeuge nicht von der KEA selbst bereedert wurden, sondern von der KER. Diese Spannungen führten zu immer größer werdenden Neid und Frustration bei der KEA Belegschaft. Auch die höheren Gehälter bei der KEA wurden durch die interne Konkurrenz in Frage gestellt. Der Rechnungshof wies ebenfalls darauf hin, dass es sinnvoll wäre größere Geschäftsteile in das Unternehmen KER zu integrieren, um die Kosten in der KEA-Gruppe zu senken. Die KEA Pilotengehälter sind seit langem immer wieder Ausgangspunkt von Diskussion. Besonders Piloten die seit mehr als 20 Jahren im Unternehmen sind empfangen Gehälter, die heute wirtschaftlich untragbar sind. Trotzdem sind Kündigungen aufgrund des Senioritätsprinzips kaum realisierbar. Zusätzlich fürchtet man die hohe Streikbereitschaft der KEA-Piloten. Die höheren Gehälter rechtfertigen sie vor allem durch eine strengere Selektion und durch höhere Standards in der Ausbildung.

„KEA Piloten (...) haben es so versucht zu argumentieren: "Wir haben die höchstwertige Selektion, das berechtigt uns auch höhere Ansprüche in der Bezahlung zu haben (...)." Aber das ist immer mehr abgebröselt. Und die Chefs, die jetzt schön langsam etwas verstanden haben von der Fliegerei, (...) die haben jetzt immer mehr Produktion von der KEA hin zur Tochter, zur KER, gebracht. Das heißt bei der KER erfahren wir Expansion, da ist immer Expansion gewesen. Komischerweise bei der KEA, man hat sich nicht getraut weil sie sehr kampfbereit waren. Natürlich zuerst mal die Leute zu halbieren und die rauszuschmeißen. Weil... es ist ja schwierig mit dem Senioritätsprinzip: Wenn ich da jetzt die halben Leute rausschmeiße, da bleiben mir nur mehr Kapitäne übrig. Weil die jungen Leute, die Kopiloten sind, wenn ich die rausschmeiße... das sind eh die günstigsten. Ich will ja eigentlich die oberen weg haben. Darum kann ich nur hoffen, dass die so langsam

aussterben. Ich kann da nur schauen, dass der sich natürlich verkleinert... (P5, KER, 2/3, 01:30)

Zusätzlich wurden von einem KER-Piloten weitere Gründe für die hohen Gehälter angeführt, die weit in der Vergangenheit liegen. Piloten von Staatsfluglinien hatten in der Vergangenheit weitaus mehr Mitspracherecht als heute. In der Nachkriegszeit gab es nur sehr wenige Linienpiloten innerhalb eines Landes, die großes Ansehen in der Bevölkerung genossen. Diese Staatsfluglinien waren der Stolz einer Nation und dienten vor allem repräsentativen Zwecken wie beispielsweise Staatsbesuchen. Auch wenn Flugreisen nur für die Elite eines Landes erschwinglich waren, so stellten die Staatsfluglinien trotzdem ein Identifikationsobjekt für die Bevölkerung dar. Weil Vorstände dieser Staatsfluglinien in der Nachkriegszeit von politischen Parteien gestellt wurden, mangelte es häufig an nötigem Fachwissen über die Fliegerei. Bei Entscheidungen bezüglich Ruhezeiten, Entlohnung und des benötigten Equipments verließ man sich daher auf die Meinung der Piloten. Zu dieser Zeit waren wirtschaftliche Interessen standen weit im Hintergrund:

„(...) damals hat es nur 10 oder 20 Leute gegeben, die befähigt waren so einen riesen Vogel von A nach B zu fliegen. Und das waren natürlich die Helden. Das waren in der Bevölkerung (...) war das ganz ein angesehener Berufsstand, weil die etwas gemacht haben, dass die Leute nur gestaunt haben, etwas Unbegreifliches. (...) Gerade so eine staatliche Fluglinie, die ist ja auch immer von Parte A und Partei B - Vorständen besetzt worden. Die Vorstände haben ja mit der Fliegerei nichts zu tun gehabt. Erstens war das alles noch in den Kinderschuhen und zweitens ist das einfach nur politisch bestellt worden. Das waren vielleicht Kaufmänner (lacht), (...) aber von Fliegerei haben sie alle nichts verstanden. Was die Piloten damals gesagt haben... die haben das geglaubt. Sie haben es sich gar nicht hinterfragen können (...) das war dann alles Insiderwissen. Die KEA hat nie unter dem Gesichtspunkt wirtschaften müssen, dass man sagt am Schluss muss da eine schwarze Zahl dabei rauskommen. Am Ende des Jahres haben sie (Vorstände) gesagt: "Ja es ist halt schon wieder eine rote Zahl". Der Finanzminister hat halt den Zeigefinger gehoben und gesagt: "Ja... jetzt strengt euch nächstes Jahr ein bisschen besser an, jetzt gleich ich das wieder aus und dann fangen wir wieder bei Null an, macht es halt besser". Aber jeder war froh, dass man so eine staatliche Fluglinie hat und der Staat war auch bereit sich das etwas kosten zu lassen." (P5, KER, 1/3, 18:55)

Diese historischen Einflüsse wirken bis heute auf die Unternehmenskultur der KEA und haben zur zur Folge, dass sich der Neid zwischen den beiden Unternehmen noch weiter verstärkte. Einerseits sahen viele KEA-Piloten die interne Konkurrenz kritisch, weil aus wirtschaftlichen Gründen immer mehr Produktion ins

Tochterunternehmen ausgegliedert wurde. Außerdem war es durch die ständige Expansion im Unternehmen KER für Piloten weitaus einfacher aufzusteigen. Upgradings vom Ersten Offizier zum Kapitän waren nach nur fünf Jahren möglich und brachten große finanzielle Vorteile mit sich. Bei der KEA hingegen dauerte es immer länger die Karriereleiter zu erklimmen. Dieser kurze Auszug zeigt bereits, wie komplex und angespannt die Situation vor der Übernahme durch die GEA-Gruppe war. Die Unterschiede der Unternehmenskulturen sind vor allem historisch begründet wirken sich bis zum heutigen Tag aus.

Trotz der genannten Maßnahmen gelang es noch immer nicht das Unternehmen KEA gewinnbringend zu betreiben. Verhandlungen über einen neuen Kollektivvertrag für das fliegende Personal standen bereits seit langem zur Debatte, bis dahin ohne Erfolg. Daher bestellte die GEA zunächst einen neuen Vorstandsvorsitzenden für die KEA-Gruppe, der weitrechende Maßnahmen beschließen sollte. Zu diesem Zeitpunkt wurde auch den Mitarbeitern bewusst, dass das Unternehmen erneut kurz vor einem drohenden Konkurs steht und dringender Handlungsbedarf besteht:

„Ja und dann hat es nicht lange gedauert, also der (neue Vorstandsvorsitzende) hat sich dann das ganze einen Monat lang angeschaut und wir haben dann alle schon gewusst -und das wurde auch intern so verbreitet, nicht offiziell, aber inoffiziell- der ist jetzt die Feuerwehr. Also jetzt ist wirklich Feuer am Dach und ja uns geht es schlecht, aber jetzt geht es uns wirklich schlecht. Ja und ich glaube Jänner 2012 hat er dann glaube ich gesagt: "Ja das kann er sich jetzt nicht weiter so anschauen, die Zahlen sind tiefrot, und er kündigt jetzt den KV. (...) Den KEA-KV. Das war etwas, das es halt vorher in ganz Österreich so in der Form nie gegeben hat." (P6, KEA, 1/2, 12:50)

Diese Situation wurde zum Auslöser eines neuen Konfliktherdes der zu kritischen Interaktionsereignissen im Unternehmen führte. Die Kollektivverträge (KV) der Piloten wurden erstmals durch die neue Unternehmensführung deutlich in Frage gestellt. Daraus resultierten Verhandlungen zwischen Unternehmensführung und den Belegschaftsvertretern über einen neuen Kollektivvertrag . Allerdings zeichnete sich schnell ab, dass keine akzeptable Lösung gefunden werden kann und es kam zur Verhärtung der Fronten. Diese Zeit war stark mit negativen Emotionen in der KEA-Belegschaft behaftet. Ärger, Schock und Ungläubigkeit beim fliegenden Personal der KEA waren die Folge:

„Naja, das war so Ungläubigkeit gepaart mit Schock und gepaart mit Ärger würde ich sagen. Also in dieser Zeit... war es dann in dieser Firma hochemotional, auf beiden Seiten." (P6, KEA, 1/2, 13:49)

Die Emotionen waren teilweise darin begründet, dass keine echten Verhandlungen zwischen Vorstand und Betriebsrat stattfanden. Stattdessen wurde ein fertiger Kollektivvertrag von der Spitze vorgelegt und bei Nichtunterzeichnung mit der Kündigung oder mit einem Betriebsübergang in das Tochterunternehmen gedroht:

Die haben da einen Vertrag auf den Tisch gelegt und haben gesagt: "Das ist zu unterschreiben, mit einer Woche Bedenkzeit. Wenn nicht, dann Kündigung des alten Kollektivvertrags." Das war aber schon „Messer an die Brust". Das waren keine richtigen Verhandlung: (...) Entweder my way oder no way. P6, KEA, 1/2, 17:17)

Abgelehnt wurde der neue Kollektivvertrag, weil die Veränderungen laut Meinung der KEA-Piloten zu drastisch gewesen wären. Einschnitte bei Gehältern, Diäten und Pensionen, längere Arbeitszeiten und der Wegfall vieler Annehmlichkeiten waren Bestandteile des neuen Kollektivvertrages. Spekulationen in der Belegschaft führten sogar soweit, dass man glaubte die neue Unternehmensführung versuche die Belegschaft zu unbedachten Handlungen zu führen, um dadurch Kündigungen erzwingen zu können. Diese Vermutung kam auf, weil dieses Vorgehen bereits bei einer anderen Airline des GEA-Konzerns erfolgreich durchgeführt wurde.

Diese Vorgangweise deutet ebenfalls auf ein Symptom des Merger Syndroms hin. Anstelle von Verhandlungen und der gemeinsamen Suche nach Lösungen versucht eine Seite ihre Interessen zu erzwingen.

Die starke Performanceorientierung und der neue leistungsorientierte Führungsstil der GEA standen erneut im Gegensatz zur Unternehmenskultur der KEA-Piloten und versurachten Widerstände bei der Belegschaft.

Das schlechte Verhältnis zwischen neuem Unternehmenseigentümer und der KEA-Belegschaft hat sich durch diesen Vorfall weiter verschlechtert. Letztendlich konnte keine gütliche Einigung über einen neuen Kollektivvertrag erzielt werden und es kam zum Eklat. Der neue Vorstand der KEA kündigte den bestehenden Kollektivvertrag des fliegenden Personals einseitig auf und leitete den Betriebsübergang zur Regionaltochter KER ein. Durch den Betriebsübergang könnten die Kosten beim fliegenden Personal um etwa 25 Prozent verringert werden. Doch die Gewerkschaft versuchte mit allen Mitteln diesen Schritt zu verhindern und kündigte zum diesem

Zweck den bestehenden Kollektivvertrag der KER. Die Logik dahinter scheint einleuchtend, denn in einen nichtvorhandenen Kollektivvertrag können die Piloten nicht übertragen werden. Diese Meinung vertrat zumindest die KEA-Belegschaft. Nicht alle Belegschaftsmitglieder waren bereit dieses Vorgehen zu tolerieren. Etwa 120 Piloten entschlossen sich das Unternehmen freiwillig zu verlassen und gaben sich mit einer Abfertigung zufrieden.

Bis zur Kündigung des KER-Kollektivvertrags durch die gemeinsame Gewerkschaft tangierte ein möglicher Betriebsübergang der KEA-Piloten in die KER nicht. Die KER-Belegschaft vertrat die Meinung, dass sie ihren Beitrag durch das bereits beschlossene und in Kraft getretene Solidarpaket zur Sanierung der KEA-Gruppe geleistet haben. Besonders die KEA-Piloten mit alten Verträgen sahen sie nun in der Pflicht:

Wobei natürlich schon das Gefühl da war, dass damals mit der Restrukturierung der KER schon sehr viel getan worden ist. Und dass die KER-Kollegen (...) natürlich auf dicken Pensionen sitzen und dass da natürlich der größere Brocken zu tun ist, als bei uns. (P3, KER, 21:01)

Einer möglichen Integrierung der KEA sahen die KER-Piloten größtenteils gelassen entgegen. Bei manchen KER-Piloten wurden sogar Hoffnung geweckt, dass durch die hohe Zahl an freiwilligen Unternehmensaustritten, Positionen auf Langstreckenflugzeugen freiwerden könnten:

„(...) aber die haben damals schon geglaubt: "Juhu! Jetzt kommen wir überall hin." Was dann aber natürlich so auch nicht war" (P6, KEA, 2/2, 06:06)

Das Vorgehen des KEA-Vorstandes stieß seitens der KER-Belegschaft auf Verständnis und wurde teilweise sogar begrüßt, weil Aufstiegschancen damit verbunden wurden und die Anpassung der Gehälter als faires Mittel zur Sanierung gesehen wurden.

Diese Tatsache, dass die KER-Belegschaft die Entscheidung eines Betriebsüberganges begrüßt hat zwei Ursachen. Einerseits scheinen die Maßnahmen der GEA bei der KER-Belegschaft auf mehr Verständnis zu stoßen, weil beide ähnliche Unternehmenskulturen aufweisen. Sowohl die KER als auch die GEA kommen aus einem privatwirtschaftlichen Hintergrund. Andererseits würde sich das Gehalt des KER-Personals durch den Betriebsübergang nicht ändern. Zusätzlich erzeugten die Pläne bei einigen Piloten Hoffnungen bezüglich neuer Aufstiegsmöglichkeiten. Somit kann zusammengefasst werden, dass die Auswirkungen eines Betriebsüberganges für die KER-Belegschaft zumindest keine negativen Konsequenzen mit sich bringen würden. Sie begrüßten das Vorgehen, weil dadurch die Gehälter aller im Unternehmen tätigen Piloten angepasst werden würden und es möglicherweise zu neuen Aufstiegsmöglichkeiten kommen könnte.

Für die Piloten der KEA wären die Folgen eines Betriebsüberganges gravierender gewesen. Einerseits hätten Sie aufgrund der geringeren Grundgehälter mit starken Einbußen bei Entlohnung zu rechnen. Andererseits müsste eine einheitliche Senioritätsliste für alle Piloten geschaffen werden. Dies würde bedeuten, dass einige KEA-Piloten an Seniorität verlieren, was wiederum verminderte Aufstiegschancen und einen Verdienstentgang zur Folge hätte. In den Gesprächen mit den KEA-Piloten wurde außerdem deutlich, dass noch weitere Gründe für die Ablehnung des Betriebsüberganges vorhanden waren. Wie zu Beginn erwähnt wurde die KER bei den KEA-Piloten als lästige Konkurrenz gesehen, die in Vergangenheit versuchte Teile ihres Geschäfts zu übernehmen. Diese Ablehnung und das Elitedenken der KEA-Piloten, das seit langem in den Köpfen verankerten ist und von Generation zu Generation weitergegeben wird, kommt auch bei diesem Konflikt wieder zum Vorschein:

Aber das hat natürlich so eine Eigendynamik, die sich gehalten hat bis heute. Dass sie immer noch meinen: "Wir sind einfach etwas besseres." Das bringst du auch gar nicht einfach heraus, dass sich das „vererbt". Ich wüsste nicht wie man das herausbringt. (P5, KER, 2/3, 04:01)

„Und rein die Tatsache, dass die jetzt da zu uns hereinkommen, für die KEA-Piloten, diese Elitepiloten, in die KER, in die verhasste KER... Und jetzt auf einmal kommen da Leute vor ihnen herein, in der Seniorität, in diese heilige Kuh. Na das war für sie unmöglich." (P5, KER, 2/3, 24:02)

Obwohl nun beide Kollektivverträge, sowohl der KEA-KV durch die KEA selbst, als auch der KER-KV durch die Gewerkschaft gekündigt wurden, leitete der KEA-Vorstand den Betriebsübergang ein. Dies führte zu einer langandauernden rechtlichen Auseinandersetzung die schlussendlich vor dem EuGH landete. Der EuGH stellte fest, dass die alten Kollektivverträge der KEA solange nachwirken bis ein neuer beschlossen wird. Diese Feststellung des EuGH kann als Etappensieg für die KEA-Belegschaft gewertet werden und stärkte ihre Position in erneuten Kollektivvertragsverhandlungen. Dennoch war mittlerweile auch der KEA-Belegschaft klar, dass ohne Zugeständnisse die Existenz des Unternehmens gefährdet bleibt. Die Furcht vor einem Konkurs steigerte die Verhandlungsbereitschaft bei der Belegschaft:

In dem Moment als sie gesehen haben sie verlieren den Rechtsstreit, haben die Verhandlungen wieder angefangen. Dann hat man sich zum ersten mal wieder ernsthaft an den Tisch gesetzt und gesagt: "Gut,... die Option ist jetzt am Tisch, wir verlieren den Rechtsstreit, wir müssen euch alles zurückzahlen, wir müssen die Leute die gekündigt haben vielleicht sogar wieder aufnehmen." (...) Und wenn das passiert, dann steht der Konkurs im Raum. Das haben sie dann auch schon so kommuniziert. Und das wurde auch vom Betriebsrat so kommuniziert und gesagt: "Wir werden vermutlich den Rechtsstreit gewinnen, wir werden aber nichts davon haben," so ungefähr. Und die Option war halt jetzt: "Ok, wir einigen uns, wir machen da jetzt etwas." (P6, KEA, 2/2, 16:10)

Somit war der Grundstein für ernsthafte Verhandlungen gelegt. Überaschenderweise einigten sich die zwei Parteien - Vorstand und KEA-Betriebsrat - recht schnell auf einen neuen Kollektivvertrag. Bereits einen Monat nach der Unterzeichnung erfolgte der Rückübergang der KER in die KEA. Das Unternehmen KER wurde aufgelöst und in die KEA integriert. Mit dem Ergebnis der Verhandlungen scheinen aber weder die KEA, noch die KER-Piloten besonders zufrieden zu sein.

Besonders auf Seiten der KER-Belegschaft kam es zu tiefgreifenden Änderungen. Sie fühlen sich durch den neuen Kollektivvertrag auf vielen Ebenen diskriminiert. Beispielsweise sanken die Gehälter bei einer gleichzeitigen Erhöhung der Arbeitsbelastung. Zwar verbringen die Piloten grundsätzlich nicht mehr Stunden im Cockpit als gesetzlich erlaubt ist. Dafür gehört es nun zum Alltag mehr Rotationen zu fliegend und längere Auslandsaufenthalte zwischen Rotationen zu haben. Früher war es bei KER üblich, Rotationen so zu gestalten, dass die fliegende Belegschaft am Tagesende zurück zur Homebase kehrt. Besonders für das fliegende Personal mit Familien wirkt sich dieser Umstand negativ aus. Für viele KER-Piloten war die örtliche Nähe des Unternehmens und die Möglichkeit nach Dienstschluss wieder nach Hause zurückzukehren ein wichtiger Grund für die Entscheidung bei dieser Airline zu arbeiten:

Die Änderungen sind im Großen und Ganzen ein bisschen weniger Gehalt durch solche Einsparungsmaßnahmen und mehr arbeiten dafür. Und jetzt deutlich mehr außerhalb von der Homebase operieren. (...) jetzt steig ich in Stadt XY aus und verbringe hier meine Freizeit, die ist nicht bezahlt. Und ja... bin natürlich nicht bei meiner Familie. (P3, KER, 31:07)

Durch die hohe Anzahl an Kündigungen und einer neuen Klausel im Kollektivvertrag kam es dazu, dass Teilzeitpiloten anstelle der vereinbarten Arbeitszeiten bei bedarf auch mehr arbeiten müssen:

Bei mir sind die Dienste... bei mir hat sich der Arbeitsalltag insofern verändert, dass die Dienstpläne jetzt sehr straff geplant sind. Es ist sehr anstrengend geworden. Also ich bin 85 Prozent Teilzeit und es fühlt sich an wie 100 Prozent, weil das so dicht ist mit sehr sehr vielen Überstunden geplant. Und sehr wenig Ruhezeit geplant. Es wurde alles so für die Firma optimiert, natürlich weil auch zu wenig Personal ist. Jetzt ist das alles sehr sehr eng und dicht geplant und das ist wahnsinnig anstrengend. Also das hat sich schon verändert. (...) Es werden auch so viele Paarungen gemacht von Flügen die sehr sehr anstrengend sind, die auch an der Grenze zulässigen Flugzeit sind. Es ist wirklich wirklich ermüdend. (P4, KER, 2/2, 21:37)

Besonders unfair empfanden die KER-Mitarbeiter jedoch, dass ihnen nun Upgradings, die zuvor rasch möglich waren, genommen wurden:

(...) Was man schon sagen muss, wir haben natürlich auch unsere Perspektiven gehabt, die uns völlig genommen wurden. Bei KER hast du ganz schnell Upgradings bekommen. Du warst innerhalb von fünf bis acht Jahren Kapitän. (...) Das war ein riesen finanzieller Vorteil. Und das wurde uns auch genommen. (P4, KER, 16:11)

Abgesehen von diesen harten Faktoren vermissen viele Mitarbeiter die familiäre und freundliche Atmosphäre, die vor der Unternehmenszusammenführung im Unternehmen herrschte. Nach der Integration der KER in die KEA kam es durch die Zentralisierung der Personalplanung zum Verlust an Flexibilität. Vor dem Zusammenschluss war der persönliche Kontakt zwischen Crew Control und den Piloten stark ausgeprägt. Es war möglich Wünsche und Anliegen vor Ort zu äußern. Durch die größere Entfernung des neuen gemeinsamen Headquarters von KEA und KER und durch das höhere Ausmaß an Bürokratie ging auch dieser Teil der ehemaligen Unternehmenskultur weitgehend verloren:

Früher war der Standort der KER in XY. Damals hat es mehr Schnittstellen zum Büro gegeben, weil unten waren die Crewräume von den Piloten und im oberen Stock waren die Dienstplanung und andere Büros. Und damals hat man dann halt einfach „Hallo" gesagt. Und das ist jetzt komplett aufgelöst worden. (P3, KER, 26:52)

Zu diesen Änderungen der KER-Belegschaft, die meist als Benachteiligungen wahrgenommen wurden, kam es laut eigenen Aussagen durch das fehlende Mitspracherecht während der Verhandlung des neuen Kollektivvertrages. Zwar waren auch Vertreter der KER-Belegschaft im Betriebsrat vorhanden. Durch die zahlenmäßige Unterlegenheit und durch Kampftaktiken, hatten sie jedoch wenig Mitspracherecht bei der Ausgestaltung des neuen Kollektivvertrags:

Er (=Kollektivvertrag) wurde vom Betriebsrat angenommen, wobei unser Betriebsrat aber zahlenmäßig unterlegen war. (...) Und es war eine sogenannte Kampfabstimmung, also der Betriebsratschef hat gesagt: "Wenn ihr nicht alle zustimmt, also wenn ihr nicht alle einstimmig zustimmt, dann werden wir das nicht unterschreiben und dann sitzen die Leute auf der Straße." (P4, KER, 10:34)

Für die KEA-Belegschaft hatte der Konflikt ebenfalls Folgen. Am meisten betroffen war das Bordpersonal, das seit langem im Unternehmen tätig ist. Im neuen Kollektivvertrag kam es zu hauptsächlich zu Änderungen bezüglich der Pensionszahlungen. Fliegendes Personal das noch vor der Fusion mit der Unternehmen PF ins Unternehmens eintrat, ist heute deutlich schlechter gestellt als zuvor. Bei der Belegschaft die nach der Übernahme mit PF ins Unternehmen kam, waren die Unterschiede zum früheren Kollektivvertrag geringer. Für die in der KEA-Belegschaft war vor allem die Verhandlungsweise des KEA-Vorstandes während des Verhandlungsprozesses Auslöser negativer Emotionen. Die ständige Furcht vor einem Betriebsübergang zur KER und ein drohender Konkurs wurden von der Unternehmensspitze gezielt eingesetzt um einen neuen Kollektivvertrag zu erzwingen:

Ich würde sagen es war die Wahl zwischen Pest und Cholera. Ähm. Und ich jammere auf hohem Niveau, das auf jeden Fall, das ist mal klar, es geht noch ärger. Aber wenn du in XY bleiben möchtest und hier leben möchtest, dann war das die Wahl. Wenn du sagst "OK... das ist mir egal ich gehe zu Emirates oder ich gehe irgendwo anders hin auf der Welt und fliege dort... dann haben auch 120 Leute mit den Füßen gewählt und sind gegangen." Manche haben sich komplett von der Fliegerei verabschiedet.

In diesem Kapitel wurde untersucht wie unterschiedliche Unternehmenskulturen die Wahrnehmung eines kritischen Interaktionsereignisses beeinflusst. Dazu wurden kritische Interaktionsereignisse die während der Übernahme auftraten identifiziert und gleichzeitig die unterschiedliche Wahrnehmung aufgrund unterschiedlicher Unternehmenskulturen und die dadurch ausgelösten Emotionen beschrieben. Im weiteren Verlauf wird untersucht, wie sich diese kritischen Interaktionsereignisse auf den Unternehmenserfolg auswirken.

5.4. Auswirkungen kritischer Interaktionsereignisse auf den Unternehmenserfolg

Die Zusammenführung beider Unternehmen brachte zahlreiche Änderungen für die Belegschaft mit sich. Diese Veränderungen beeinflussten wiederum die Gefühle der Betroffenen und führten dadurch zu Handlungen, die auch den wirtschaftlichen Erfolg des gesamten Unternehmens beeinflussen.

Die KER-Belegschaft fühlte sich unfair behandelt und als Verlierer im neuen Kollektivvertrag und im Unternehmen. Schnelle Upgradings vom Kopiloten zum Kapitän, wie sie früher möglich waren, sind kaum mehr vorhanden. Zwar gibt es in der Theorie die neue Möglichkeit für KER-Piloten auf die Langstrecke zu wechseln. Allerdings ist diese Option in der Praxis erst nach 15 Jahren möglich, da zuvor alle KEA-Piloten aufsteigen müssen. Dies führt zu fehlenden Zukunftsperspektiven und letztendlich zum Frust unter den Piloten. Durch die Integration wurden auch große Teile der administrativen Tätigkeiten auf die Konzernzentrale übertragen. Der dadurch verlorengegangene direkte Kontakt unter den Kollegen veränderte somit auch die Unternehmenskultur, weil das kollegiale und freundschaftliche Verhältnis kaum mehr aufrecht zu erhalten war. Diese Veränderungen wirkten sich in erster Linie negativ auf die Verbundenheit mit dem Unternehmen aus.

Die Summe der als negativ empfundenen Ereignisse hatten auch Auswirkungen auf die Leistungsbereitschaft und die Motivation der Belegschaft. Der Wille mehr zu leisten als vertraglich vereinbart, ist stark gesunken. Es hat sich gezeigt, dass sowohl die extrinsische, als auch die intrinsische Motivation unter der Situation litt. Beispielsweise war es früher üblich bei einem krankheitsbedingten Ausfall eines Kollegen einzuspringen. Einerseits um dem Unternehmen zu helfen, was als intrinsische Motivation gewertet werden kann. Andererseits um das eigene Gehalt aufzubessern, was als extrinsische Motivation gewertet werden kann. Obwohl für solche Zusatzdienste nach wie vor eine deutliche Überbezahlung geleistet wird, nehmen viele Piloten dieses Angebot nicht mehr war. Es wird nur noch Dienst nach Vorschrift geleistet:

Also es macht einfach n i e m a n d mehr etwas freiwillig oder zusätzlich, was früher gang und gäbe war. Früher bist du auch an deinem freien Tag eingesprungen, hast getauscht. (...) das war durchaus auch weil es dir leid getan hat, wenn da Passagiere stehen bleiben. Nur du kannst nicht den Leuten alles nehmen: Geld, Aufstiegsmöglichkeiten, Motivation... Und dann noch erwarten, dass du Sie dir entgegenkommen. Es ist ein sehr ... also ich bin da selber auch sehr unemotional geworden muss ich sagen. Früher wenn mich jemand gebeten hat von der Crew Control "Du bitte spring ein, hilf uns irgendwie" war es schwierig zu sagen "Ich kann nicht" oder "Ich mache das nicht". Es war schon noch so eine andere Bindung. Und mittlerweile rufen sie mich nicht einmal mehr an, weil sie wissen ich mache es einfach nicht. Freundlich oder bestimmt: "Es tut mir leid, es ist meine Freizeit". (P4, KER, 2/2 18:22)

Zusätzlich kam es zu Handlungen der Belegschaft, um dem Unternehmen absichtlich Schaden zuzufügen. Einige Belegschaftsmitglieder vereinbarten beispielsweise Kuraufenthalte zu Zeiten mit erhöhtem Passagieraufkommen.

Aber auch die Identifikation mit dem Unternehmen scheint geringer zu sein als früher. Wie auch in der Studie von Kusstatscher und Cooper kann dafür die gesunkene Leistungsbereitschaft herangezogen werden. Piloten beschreiben immer wieder sich nicht mit dem Unternehmen als verbunden zu fühlen, sondern sich lediglich auf die vertragskonforme Verrichtung ihrer Arbeit zu konzentrieren. Darüber hinaus wurde des Öfteren erwähnt, dass sich die Piloten lediglich mit der eigenen Flotte identifizieren, nicht aber mit dem Unternehmen als ganzes. Gerade bei der KER-Belegschaft führte ein Vorfall dazu, dass sich das KER-Bordpersonal von der KEA-Belegschaft abgelehnt fühlte. Nach der Integration der KER in die KEA erhielten beide Unternehmen eine einheitliche Uniform. Daraufhin verteilte die KEA-Belegschaft Buttons mit der Aufschrift „Original Stuff", um sich von der KER-Belegschaft abzugrenzen. Dieser Button wurde nie von offizieller Stelle bewilligt oder eingeführt. Er diente lediglich als Erkennungszeichen für die Mitarbeiter innerhalb der KEA-Belegschaft. Darüber hinaus trugen auch Teile der Gewerkschaft diesen Anstecker, was von den KER-Mitarbeitern als Symbol für die parteiische Haltung der Gewerkschaft gewertet wurde. Das Aufkommen solcher Artefakte zur Abgrenzung zeigt deutlich, wie tief die Gräben zwischen den beiden Unternehmen sind. Die

Duldung solcher Artefakte führte auch zum Vertrauensverlust in die Unternehmensführung bei der KER-Belegschaft:

Sie hatten Buttons, so "Original Stuff" – Buttons (...) es ist auch eine Form von "Ich möchte mich abrgrenzen", "Ich kann damit nicht umgehen", "Ich möchte euch zeigen, dass wir nicht zusammengehören, weil wir anders sind." Und diese Freiheiten zuzulassen, die Leute da halt einfach so zu lassen, das find ich ganz ein schlechtes Zeichen und auch sehr sehr schwach. (P4, KER, 2/2, 27:49)

Durch die Unzufriedenheit mit der Gesamtsituation kam es zum Verlust an Loyalität und Motivation innerhalb der Belegschaft und zu verringerter Identifikation mit dem Unternehmen. In weiterer Folge führten verringerte Leistungsbereitschaft und absichtliche Sabotageakte zu Flugausfällen, die monetäre Schäden zur Folge hatten.

Ebenfalls Auswirkungen auf die wirtschaftliche Situation des Unternehmens dürften Klagen der KER-Belegschaft haben. Viele KER-Piloten bereiten derzeit rechtliche Schritte gegen das Unternehmen und die Gewerkschaft vor, weil sie sich durch verminderte Aufstiegschancen stark benachteiligt fühlen.

Diese Beispiele verdeutlichen, dass Emotionen als Folge von Ereignissen erfolgsschädigendes Verhalten bei den Mitarbeitern auslösen können.

5.5 Zusammenfassung der Ergebnisse

Die Übernahme der KEA durch die GEA war geprägt von Konflikten führte zu mehreren kritischen Interaktionsereignissen innerhalb der Belegschaft, sowie zwischen Belegschaft und der neuen Unternehmensführung.

Auslöser der kritischen Interaktionsereignisse zwischen KER und KEA waren vor allem tiefverwurzelte Unterschiede der Unternehmenskulturen. Somit stellen KER und KEA zwei eigenständige Subkulturen in der Unternehmensgruppe KEA dar. KER zeichnet sich durch eine starke Heterogenität innerhalb der Belegschaft aus. Große Teile des KER-Bordpersonals stammten ursprünglich aus einem anderen beruflichen Hintergrund als der Fliegerei und kamen über Umwege zu ihrem derzeitigen Beruf. Das KEA Personal weist eine starke Homogenität aus und identifiziert sich stärker über den Beruf. Diese Anzeichen sprechen somit für eine starke Unternehmenskultur bei der KEA-Belegschaft, und für eine schwächere bei der KER. Die KER-Unternehmenskultur stellt eine Gegenkultur dar. Die Werte und Normen der jeweiligen Unternehmenskulturen standen in Konkurrenz zueinander und wurden zum Auslöser von Konflikten (vgl. Kap. 3.13).

Es gibt es zahlreiche historische Faktoren, die die Bildung unterschiedlicher Unternehmenskulturen förderte. Unter anderem führte die durch Gehaltsunterschiede auftretende interne Konkurrenz in den Jahren vor der Übernahme zu Grabenkämpfen zwischen KER und KEA. Nach der Integration der KER in die KEA wurden die bereits vorhandenen Konflikte noch weiter geschürt. Durch die von der GEA-Gruppe geforderte Zusammenarbeit, wurden viele bis dahin weitestgehend ignorierten Differenzen zwischen KEA und KER zum Auslöser neuer Konflikte. Die KER-Belegschaft fühlte sich durch den gemeinsamen Betriebsrat und die Gewerkschaft schlecht vertreten. Fehlendes Mitspracherecht in den Kollektivvertragsverhandlungen führten dazu, dass sich die KER-Belegschaft von der KEA-Belegschaft hintergangen fühlte. Besonders ehemalige KER-Piloten fühlen sich durch verminderte Aufstiegschancen stark diskriminiert. Auf der Seite der KEA-Piloten stießen die Argumente der KER-Piloten auf wenig Verständnis. Ein „Wir-Gefühl" scheint noch immer in weiter ferne zu liegen.

Zu Konflikten zwischen KEA und GEA kam es hauptsächlich durch die starke Outputorientierung der GEA. Anpassungen der Flotte, der Gehältern und der Pensionszahlungen waren die Folge. Besonders beim KEA-Teil der Belegschaft stieß das Vorgehen der GEA auf Widerstand. Die Machtlosigkeit der Belegschaft in den Kollektivvertragsverhandlungen wurde durch externe Faktoren wie der schlechten Wirtschaftslage noch verstärkt. Alternative Jobmöglichkeiten waren rar und führten dazu, dass faule Kompromisse eingegangen werden mussten, um der Arbeitslosigkeit zu entgehen. Vergleicht man die Unternehmen GEA und KEA anhand der sechs Dimensionen nach Hofstede so wird deutlich, dass sich die beiden Unternehmen besonders in zwei Dimensionen deutlich unterscheiden. Die GEA ist stark ergebnisorientiert und reagiert auf Veränderungen des Marktes. Die Aussagen der KEA-Belegschaft deuten eher auf eine Prozessorientierung hin, da nicht wirtschaftliche Motive das Handeln leiteten, sondern die Erfüllung eines Staatsauftrages im Vordergrund stand.

Abschließend wurde ein Modell entwickelt, welches den Einfluss von Unternehmenskulturen und Emotionen auf den Erfolg eines Unternehmenszusammenschlusses aufzeigen soll.

Folgt man der in Kap 3 beschriebenen Cognitive Appraisal Theorie, kann davon ausgegangen werden, dass die durch Sozialisation erworbene Unternehmenskultur, die Entstehung von Emotionen beeinflusst. Denn auch im Rahmen dieser Arbeit wurde ersichtlich, dass ein Ereignis oder Reiz, der durch einen Unternehmenszusammenschluss ausgelöst wird, während des Integrationsprozesses von Personen unterschiedlich bewertet wird und letztendlich zu einer anderen Emotion führt. Die in einer Unternehmens- oder Subkulturkultur vorhandenen Werte und Normen beeinflussen die Bewertung von Ereignissen. Es hat sich gezeigt, dass Grundannahmen, beispielsweise wie andere Gruppen bewertet werden, nur schwer veränderlich sind und über Generationen hinweg „weitervererbt" werden. Dies spricht für eine hohe Verankerungstiefe und hohen Verbreitungsgrad einer Unternehmenskultur. Starke Kulturen, die ein negatives Bild einer konkurrierenden Kultur haben, erschweren den Integrationsprozess und es kann zu Verstärkung von Vorurteilen kommen kann. Welche Emotion während eines Integrationsprozesses bei einer Person ausgelöst werden, wird außerdem davon beeinflusst welcher Gruppe oder Subkultur man sich zugehörig fühlt, wem man vertraut und mit wem man sich identifiziert. Die Meinungen von Personen denen man vertraut und mit denen man sich identifiziert haben dabei stärkeren Einfluss auf die Bewertung einer Situation, als die Meinung anderer. Diese Tatsache spiegelt auch die Wichtigkeit gruppendynamischen Prozesse, wie sie in der Social Identity Theorie erklärt wurden wider.

Das Zusammenspiel von Unternehmenskulturen und gruppendynamischen Prozessen während der Integration beeinflusst somit die Bewertung einer Situation und die dadurch ausgelösten Emotionen bei den Individuen. Diese Emotionen beeinflussen auch das Handeln der Mitarbeiter, welches letztendlich Einfluss auf den wirtschaftlichen Erfolg des Unternehmens hat. Beispielsweise können als unfair empfundene Situationen die Leistungsbereitschaft der Mitarbeiter senken und somit den Unternehmenserfolg mindern. Gleichzeitig stellen diese Handlungen wieder einen Reiz dar, der von anderen Personen wahrgenommen wird und eine Emotion auslösen kann. Somit beeinflussen die eigenen Handlungen letztendlich auch die Handlungen anderer (vgl. Abbildung 11).

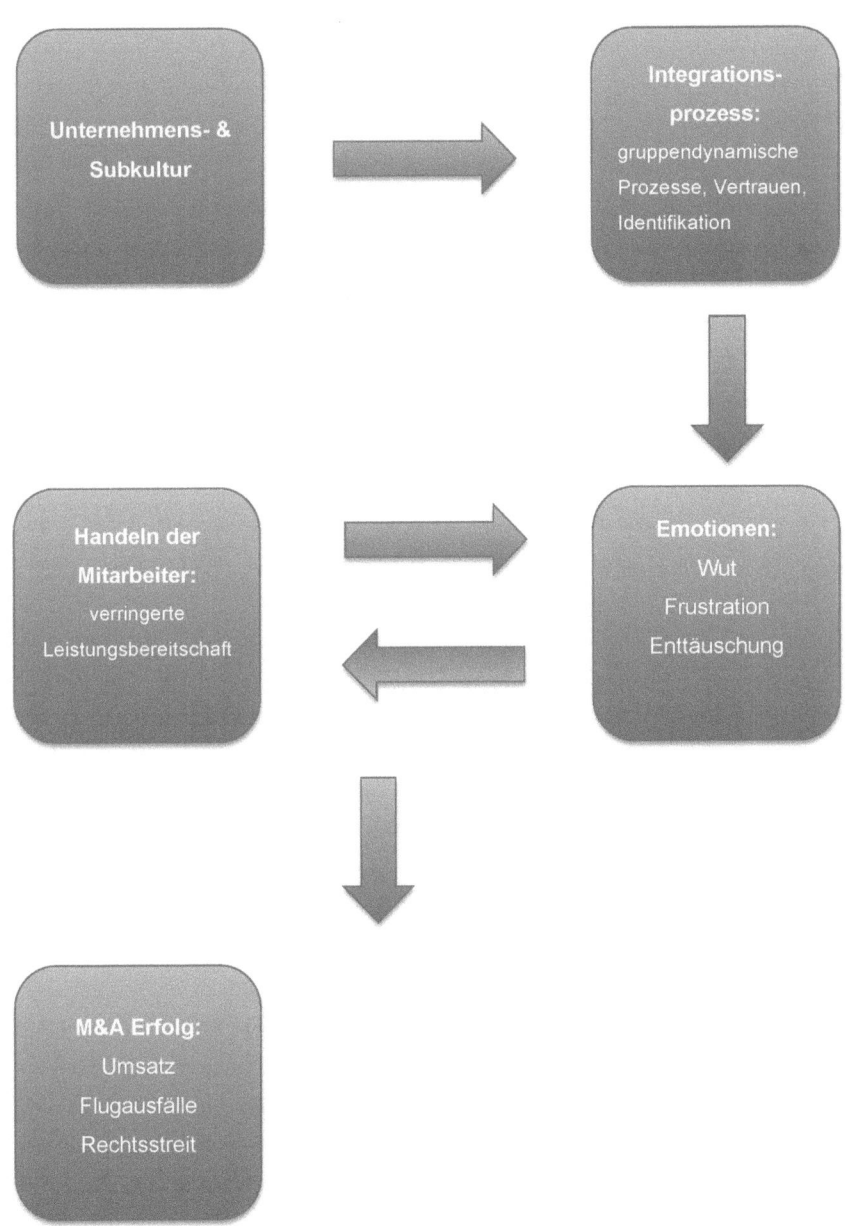

Abbildung 11: Wirkungsmechanismen von Unternehmenskulturen und Emotionen

6. Conclusio

In diesem Kapitel werden abschließend alle vorherigen Kapitel kurz zusammengefasst und die wichtigsten Ergebnisse der Studie präsentiert. Am Ende erfolgt eine kritische Betrachtung der eigenen Forschung, sowie ein Ausblick auf mögliche zukünftige Forschungsfelder.

6.1 Zusammenfassungen der vorherigen Kapitel

Im ersten Kapitel wurde zunächst der Hintergrund dieser Arbeit näher erläutert. Dabei wurde im Besonderen auf die zunehmend wichtige Rolle von M&A in der Luftverkehrsbranche hingewiesen. In Kapitel 2 wurden die im Rahmen dieser Arbeit untersuchten Unternehmen vorgestellt. Im dritten Kapitel wurden verschiedene Studien und Modelle zu den Themen Unternehmenskulturen und Emotionen bei Fusionen und Übernahmen vorgestellt. Dazu wurde zunächst der Begriff Unternehmenskultur definiert und begründet weshalb Unternehmenskulturen bei M&A von Bedeutung sind. Anschließend wurden verschiedene Ansätze zur Differenzierung unterschiedlicher Unternehmenskulturen vorgestellt: das Drei-Ebenen-Modell nach Schein, die Unterscheidung zwischen starken und schwachen Unternehmenskulturen und die Differenzierung anhand von sechs Dimensionen nach Hofstede. Um die Rolle von Emotionen genauer zu beleuchten wurde zunächst die Entstehung von Emotionen anhand der Cognitive Appraisal und der Social Identity Theorie erklärt. Anschließend erfolgte die Präsentation einer Studie von Kusstatscher und Cooper aus dem Jahr 2005, die die Auswirkungen von Emotionen bei M&A untersuchte. Abschließend wurde ein das Merger Syndrom nach Marks & Mirvis vorgestellt. Dabei handelt es sich um ein Phänomen, das stark von negativen Emotionen begleitet wird. In Kapitel 4 erfolgte die Beschreibung der Forschungsmethode, sowie der Durchführung und der Datenerhebung. Kapitel 5 befasste sich mit den Ergebnissen der Interviews zu den Themen Unternehmenskulturen und Emotionen. In diesem Kapitel werden nun die wichtigsten Erkenntnisse diskutiert und anschließend die Limitationen dieser Forschung beschrieben. Zusätzlich erfolgt ein Ausblick auf mögliche zukünftige Forschungsfelder

6.2 Zusammenfassung der Ergebnisse

Zu den wichtigsten Ergebnissen dieser Untersuchung zählt die Tatsache, dass es ein Unternehmen nicht zwangsläufig über eine einheitliche Unternehmenskultur verfügen muss. Es hat sich gezeigt, dass Konflikte nicht nur zwischen Käufer und gekauften Unternehmen auftreten können, sondern auch innerhalb des übernommen Unternehmens. In diesem konkreten Fall waren zwei konkurrierende Unternehmenskulturen innerhalb eines Unternehmens zu finden. Bis zur Übernahme hatten diese zwei Unternehmen jedoch nur wenige Berührungspunkte, was sich durch den Betriebsübergang jedoch schlagartig änderte. Kämpfe um Mitspracherecht, Positionen, Gehälter und Aufstiegschancen waren die Folge dieses internen Konfliktes.

Zusätzlich wurde die Rolle von Emotionen im Zusammenhang mit kritischen Interaktionsereignissen untersucht. Dabei hat sich gezeigt, dass Emotionen von Beginn an vorhanden waren, die Intensität der Emotionen allerdings stark von der persönlichen Betroffenheit eines Ereignisses abhängt. Besonders negative Emotionen hatten in dieser Untersuchung Einfluss auf das Verhalten der Mitarbeiter. Negative Emotionen waren meist die Reaktion auf ein als negativ bewertetes Ereignis während des Integrationsprozesses und der Ausgangspunkt für das eigene Handeln. Diese durch negative Emotionen erzeugten Handlungen können einerseits direkt auf den Unternehmenserfolg wirken, beispielsweise durch verminderte Leistungsbereitschaft. Andererseits stellen diese Handlungen wiederum einen Reiz für andere Personen dar und sind dadurch erneut Ausgangspunkt einer Emotionen (vgl. Abbildung 11). Emotionen sind, also nicht nur das Endprodukt eines Prozesses, sondern auch der Ausgangspunkt für das Handeln anderer.

Vergleicht man die Ergebnisse dieser Studie mit bisherigen Arbeiten, so liegt der wesentliche Unterschied darin, dass ein Zusammenhang zwischen den Emotionen von Mitarbeitern und dem Unternehmenserfolg hergestellt werden konnte. Denn wie diese Untersuchung zeigte, stellen Emotionen nicht nur das Endprodukt eines Prozesses dar, sondern beeinflussen auch das zukünftige Handeln der Mitarbeiter.

Dieses Handeln wiederum wirkt sich letztendlich auch auf den Erfolg des Unternehmens aus. Diese Erkenntnis stellt bereits eine wesentliche Neuerung dar und erweitert dadurch die vorhandene Literatur. Zusätzlich konnte bestätigt werden, dass ein Unternehmen nicht zwangsläufig über eine einheitliche Unternehmenskultur verfügen muss. Diese Erkenntnis für sich stellt kein Novum dar. Allerdings wurde die Wirkung mehrerer im Unternehmen vorhandener Unternehmenskulturen im Rahmen von Unternehmenszusammenschlüssen bisher nicht untersucht. Die Tatsache, dass kritische Interaktionsereignisse aufgrund unterschiedlicher Unternehmenskulturen innerhalb eines Unternehmens größeren Einfluss auf den Erfolg eines Zusammenschlusses haben können, als Unternehmenskulturunterschiede zwischen Käufer und übernommenem Unternehmen, kann ebenfalls als Beitrag zur vorhandenen Literatur gewertet werden. Diese beiden Erkenntnisse stellen somit den wissenschaftlichen Mehrwert zur vorhandenen Literatur dar.

6.3 Limitationen

Kritisch zu betrachten ist bei dieser Untersuchung der Umstand, dass vorwiegend Personen aus einem bestimmten Belegschaftsteil der betroffenen Unternehmen untersucht wurden. Diese Zielgruppe wurde allerdings bewusst gewählt, weil es laut öffentlicher Berichterstattung besonders bei Piloten zu Problemen im Rahmen der Übernahme kam. Trotzdem deutet dieser Umstand deutet auf eine begrenzte Allgemeingültigkeit der Ergebnisse hin.

6.4 Zukünftige Forschungsfelder

Trotz der beschränkten Allgemeingültigkeit dieser Studie konnten dennoch wichtige Erkenntnisse gewonnen werden. Die Fülle an Literatur zum Thema Unternehmenskulturen zeigt wie intensiv in diesem Bereich bereits geforscht wurde. Umso überraschender scheint der Umstand, dass Subkulturen bis jetzt so wenig Beachtung geschenkt wurden. Meist wird davon ausgegangen, dass ein Unternehmen über eine einheitliche Unternehmenskultur verfügt. Dieser Fall zeigt deutlich, wie unterschiedlich die Unternehmenssubkulturen innerhalb eines Unternehmens sein können.

Zusätzlich drängte sich im Verlauf dieser Studie die Frage auf, ob die Privatisierung eines verstaatlichten Unternehmens schwerer durchführbar ist als die Fusion oder Übernahme zweier Privatunternehmen. Auch zu diesem Themenbereich gibt es erstaunlicherweise kaum Literatur.

Die Rolle von Emotionen und der mögliche Einfluss auf den Unternehmenserfolg ist ebenfalls wenig erforscht und könnte somit ein zukünftiges Forschungsfeld darstellen. Zwar gibt es zahlreiche Studien zu den Bereichen Arbeitszufriedenheit und Unternehmenserfolg, jedoch mit sehr unterschiedlichen Erkenntnissen. Daher wären weitere Untersuchungen in diesem Bereich sinnvoll.

Literaturverzeichnis

Appelbaum, S. T. / Gandell, J. / Shapiro, B. / Belisle, P. / Hoeven, E. (2000): Anatomy of a Merger: behavior of organizational factors and processes throughout the pre-during durning and post-stages (part 2), in: Management Decisions, 38/19/674-684

Bagozzi, R. P. / Mahesh, G. / Prashanth, N. U. (1999): The Role of Emotions in Marketing, in: Journal oft he Academy of Marketing Science, 27/2/ 184-206

Barney ,J.B. (1986): Organizational culture. Can it be a source of sustained competitive advantage?, in: Academy of Management Review 11/3/656-665

Blauwens, G. / De Baere, P. / Van de Voorde, E. (2008): Transport Economics, 3. Aufl., Antwerpen: De Boeck

Blöcher , A. / Glaum, M. (2005): Die Rolle der Unternehmenskultur bei Akquisitionen und die Möglichkeiten und Grenzen einer Cultural Due Diligence, in: Die Betriebswirtschaft, 65/3/295-317

Dröse, A. (2006): Integrationsmanagement bei Mergers & Acquisitions, Saarbrücken: VDM Verlag Dr. Müller

Ernst, H. (2003): Unternehmenskultur und Innovationserfolg – Eine empirische Analyse, in: Schmalenbachs Zeitschrift für betriebswirtschaftliche Forschung, 55/1/23-44

Glaum, M. / Hutzschenreuter, T. (2010): Mergers & Acquisitions: Management des externen Unternehmenswachstums, 1. Aufl., Stuttgart: Kohlhammer

Grünert, T. (2007): Mergers & Acquisitions in Unternehmungskrisen: Krisenbewältigung durch Synergierealisation, 1. Aufl., Wiesbaden: Deutscher Universitäts-Verlag

Habeck, M. / Kröger, F. / Träm, M. 1999: Wi(e)der das Fusionsfieber, Wiesbaden: Gabler

Heitmann, V. (2005): Airline Performance Management, wirtschaftswissenschaftliche Dissertation, Wirtschaftsuniversität St. Gallen

Hofstede, G. / Neuijen, B. / Daval Ohayv, D./ Sanders, G. (1990): Measuring Organizational Cultures: A Qualitative and Quantitative Study Across Twenty Cases, in: Administrative Science Quarterly 35/2/286-316

Hofstede, G. (2001): Culture's Consequences – Comparing Values, Behaviors, Institutions and Organizations Across Nations, 2. Aufl., Thousand Oaks

Jahn, T. / Koenen, J. (2015): Das atlantische Bündnis, in Handelsblatt, 55

Kiefer, T. (2002): Understanding the emotional Experience of Organizational Change: Evidence From a Merger, in: Advances in Developing Human Resources 4/1/39-61

Kluckhohn, C. (1951): The Study of Culture, in: Lerner D./Larswell, H. (Hrsg): The Policy Sciences, Stanford

Klußmann, N. / Malik, A (2004): Lexikon der Luftfahrt, Heidelberg, Berlin: Springer

Knyphausen-Aufseß, D. / Schweizer, L. (2006): Bedeutung der Unternehmenskultur im M&A-Prozess, in: Borowicz, F. / Mittermair K. (Hrsg.): Strategisches Management von Mergers & Acquisitions, 1. Aufl. Wiesbaden: Gabler

Krystek, U. (1992): Unternehmenskultur und Akquisition, in: Zeitschrift für Betriebswirtschaft 62/5/539-565

Kusstatscher, V. / Cooper, C.L. (2005): Managing Emotions in Mergers & Acquisitions, Cheltenham / Northampton: Edward Elgar

Macário R. / Van de Voorde E. (2009): Die Auswirkungen der Wirtschaftskrise auf die Luftverkehrsbranche der EU, Brüssel: Europäisches Parlament

Marks, M. L. (1988): The Merger Syndrom: The Human Side of Corporate Combinations, in: Journal of Buyouts and Acquisitions 18-23

Marks, M. L. / Mirvis, P. H. (1992): Managing The Merger: Making It Work, New Jersey: Prentice-Hall

Marks, M. L. / Mirvis, P. H. (1998): Joining Forces – Making One Plus One Equal Three in Mergers, Acquisictions and Alliances, San Francisco: Jossey-Bass

Martin, J. / Siehl, C. (1983). Organizational culture and counterculture: An uneasy symbiosis, in: Organizational Dynamics 12/2/52-64

Meersman H. / Van de Voorde E. / Vanelslander T. (2008): The Air Transport Sector after 2010: A Modified Market and Ownership Structure, in: European Journal of Transport and Infrastructure Research 8/2/71-79

Morán, P. / Panasian, C. (2005): The Human Side of Mergers and Acquisitions: A Look At The Evidence, bezogen unter: http://panorama.utalca.cl/dentro/wps/the_human.pdf, Zugriff am 14.10.2015

Müller M. (2007): Die Identifikation kultureller Erfolgsfaktoren bei grenzüberschreitenden Fusionen, 1. Aufl., Wiesbaden: Deutscher Universitäts-Verlag

Nahavandi, A. / Malekzadeh, A. R. (1988): Acculturation in Mergers and Acquisitions, in: The Academy of Management Review 11/1/79-90

Olbrich, M. 1990: Unternehmungskultur und Unternehmungswert, Wiesbaden: Gabler

Pausenberger, E. (1989): Zur Systematik von Unternehmenszusammenschlüssen, in: WISU, 11/621-626

Uder, H. L. / Kramarsch M. H. (2001): Buying is Fun, Merging is Hell – Mergers & Acquisitions Managen durch erfolgreiche Integration der Human Resources, in: Jansen, S. A. / Picot, G. / Schiereck D. (Hrsg.) Internationales Fusionsmanagement, Stuttgart: Schäffer-Poeschel Verlag

Sathe, V. (1985): Culture and related corporate realities, in: Human Resource Management, 24/3/376-378

Schater, S. / Singer, J. (1964): Cognitive, Social and Physiological Determinants od Emotional State, in: Psychological Review, 69/5/379-399

Schein, E. H. (1992): Organizational Culture and Leadership: A Dynacmic View, San Francisco: Jossey-Bass

Schreyögg, G. (1989): Zu den problematischen Konsequenzen starker Unternehmenskulturen, in: Zeitschrift für betriebswirtschaftliche Forschung 41/2/94-113

Schwierholz A. (2007): M&A in der Airline-Branche: Eine Konsolidierung mit Umwegen?, in: Markus Menz M. / Ebersbach L. / Menges J. (Hrsg.): Mergers & Acquisitions – Von der Strategie zur Intergration, 1. Aufl., Bern ; Wien: Haupt

Steinmann, H. / Schreyögg, G. (2000): Management: Grundlagen der Unternehmensführung, 5. Aufl., Wiesbaden: Gabler

Szabo, E. / Brodbeckb, F.C. / Den Hartogc, D.N. / Reberd, G./ Weiblere, J. / Wunderer, R. (2002): The Germanic Europe cluster: where employees have a voice, in: Journal of World Business 37/1/55-68

Studt J. F. (2008): Nachhaltigkeit in der Post Merger Integration, 1. Aufl., Wiesbaden: Gabler / GWV Fachverlage GmbH

Wien, A. / Franzke, N. (2014): Unternehmenskultur: Zielorientierte Unternehmensethik als entscheidender Erfolgsfaktor, Wiesbaden: Springer

Winkler, B. / Dörr, S. (2001): Fusionen überleben: Strategien für Manager, München/Wien: Carl Hanser Verlag

Abbildungsverzeichnis

Anhang

Kodefilter: Alle

HU: Interviews_Bachelor_100915
File: [C:\Users\LUR138\Desktop\Interviews_Bachelor_100915.hpr7]
Edited by:Super
Date/Time: 2015-10-27 08:39:40

Akzeptanz des LH Managements bei der Belegschaft
Anpassung der Prozesse
Anpassung der Strukturen_Flotte
Anpassung der Strukturen_Gehälter
Anpassung der Strukturen_Personal
Anpassung der Unternehmenskulturen
Auslöser von Emotionen
Beweggründe Unternehmenseintritt OS
Beweggründe Unternehmenseintritt VO
Beweggründe Unternehmenseintritt VO_familiäre Atmosphäre
Beweggründe Unternehmenseintritt VO_Kollektivvertrag
Beweggründe Unternehmenseintritt VO_Standort
Beweggründe Unternehmensverbleib
Emotion_Ablehnung
Emotion_Angst
Emotion_Erleichterung
Emotion_Frustration
Emotion_Gleichgültigkeit
Emotion_Neid
Emotion_Resignation
Emotion_Ungerechtigkeit
Emotion_Unsicherheit
Emotion_Unzufriedenheit
Emotion_Vertrauen
Emotion_Wut
Emotion_Zuversicht
Gründe für unterschiedliche Unternehmenskulturen OS/VO_Heterogenität der VO Belegschaft
Gründe für unterschiedliche Unternehmenskulturen OS/VO_mangelnde Zusammenarbeit
Gründe für unterschiedliche Unternehmenskulturen OS/VO_Pilotenausbildung
Gründe für unterschiedliche Unternehmenskulturen OS/VO_Selektion der Piloten
Interne Konflikte zwischen OS/VO_Diskreditierung von Ex-VO Piloten
Interne Konflikte zwischen OS/VO_fehlendes Mitspracherecht der VO im Betriebsrat
Interne Konflikte zwischen OS/VO_Gründe_falsches Managementverhalten
Interne Konflikte zwischen OS/VO_Gründe_fehlende Zusammenarbeit
Interne Konflikte zwischen OS/VO_Gründe_Konkurrenz
Interne Konflikte zwischen OS/VO_Gründe_unterschiedliche Entlohnung
Interne Konflikte zwischen OS/VO_Gründe_unterschiedliche Unternehmenskulturen
Interne Konflikte zwischen OS/VO_Gründe_Vorurteile
Interne Konflikte zwischen OS/VO_Kollektivvertrag
Interne Konflikte zwischen OS/VO_Rivalität
Interne Konflikte zwischen OS/VO_Wertschätzung
Interne Konflikte_Folgen
Interne Konflikte_Folgen_Demotivation
Interne Konflikte_Folgen_Flugausfälle
Interne Konflikte_Folgen_hohe Arbeitsbelastung
Interne Konflikte_Folgen_rechtliche Konsequenzen
Interne Konflikte_Folgen_Unternehmensaustritte
Interne Konflikte_Folgen_Verlust an Loyalität
Interne Konflikte_Gründe_Fehlplanung
Interne Konflikte_mangelnde Aufstiegschancen für Ex-VO Piloten
Interne Konflikte_Mitspracherecht_Gewerkschaft/Betriebsrat
Luftverkehrsbranche_Externe Faktoren
Luftverkehrsbranche_Hintergrundinformation_Seniorität
Luftverkehrsbranche_hoher Konkurrenzdruck
Nationale Kulturunterschiede
Phase_Vor der Übernahme

Positive Aspekte durch die Übernahme_Karrierechancen
Unternehmenskultur_Führungsstil nach der Übernahme
Unternehmenskultur_Führungsstil nach der Übernahme_Glaubwürdigkeit
Unternehmenskultur_Führungsstil nach der Übernahme_Leistungsorientierung
Unternehmenskultur_Führungsstil nach der Übernahme_Mitspracherecht
Unternehmenskultur_Führungsstil nach der Übernahme_Wertschätzung
Unternehmenskultur_Führungsstil vor der Übernahme
Unternehmenskultur_LH_elitäres Selbstbild
Unternehmenskultur_LH_Frage der Vertrauenswürdigkeit
Unternehmenskultur_LH_Interne Konkurrenz
Unternehmenskultur_LH_Kommunikation
Unternehmenskultur_LH_Offenheit/Diversität
Unternehmenskultur_LH_Werte_Sicherheit
Unternehmenskultur_OS_elitäres Selbstbild
Unternehmenskultur_OS_Frage der Vertrauenswürdigkeit
Unternehmenskultur_OS_historischer Hintergrund
Unternehmenskultur_OS_historischer Hintergrund_Ansehen in der Bevökerung
Unternehmenskultur_OS_historischer Hintergrund_Macht der Piloten
Unternehmenskultur_OS_historischer Hintergrund_Wirtschaftlichkeit
Unternehmenskultur_OS_Homogenität Piloten
Unternehmenskultur_OS_Loyalität
Unternehmenskultur_OS_mangelnde Aufstiegschancen
Unternehmenskultur_Solidarität_VO
Unternehmenskultur_Unterschiede zwischen OS und VO_Flugzeuggröße
Unternehmenskultur_Unterschiede zwischen OS und VO_rasche Uprgadings bei VO
Unternehmenskultur_Unterschiede zwischen OS und VO_Wirtschaftlichkeit
Unternehmenskultur_Veränderungen nach der Übernahme
Unternehmenskultur_VO_historischer Hintergrund_Sicherheit
Unternehmenskultur_VO_historischer Hintergrund_Wirtschaftlichkeit
Unternehmenskultur_VO_Loyalität
Unternehmenskultur_VO_vor Betriebsübergang
Verhandlungsmacht_Gewerkschaft
Wirtschaftliche Situation_nach der Übernahme_OS/VO
Wirtschaftliche Situation_vor der Übernahme

Auszug Interviews

Unternehmen: KEA
Position: Kapitän
Datum des Interviews: 13.08.2015
Uhrzeit: 12:00 – 13:25
Dauer: 85 Minuten

I: Am Anfang geht es mal nur um deinen Werdegang. Es geht darum wie lange du bereits für die KEA tätig bist bzw. ob du davor vielleicht schon für eine andere Airline gearbeitet hast. Kannst du mir dazu ein bisschen etwas erzählen? #00:00:27.2#

P: Mein Werdegang ist im Prinzip so, ab 95 war ich Privatpilot, ab 97 hat die Ausbildung bei der KEA angefangen, ab 98 war ich dann fertig. Also Mitte 98 war ich dann Kopilot auf der MD-80. Und bin dann 2004, Ende 2004 auf die Langstrecke gegangen auf der 767.Ja, das war jetzt mal die Kopilotenseite und wie gesagt seit Mitte 2014 bin ich jetzt Kapitän auf dem A320er. #00:00:56.7#

I: Und die Ausbildung hast du auch schon bei der KEA gemacht? #00:00:58.2#

P: Das war dann noch diese integrierte Ausbildung. Die KEA damals hat eine eigene Trainingsabteilung, und du bist von ab inicio - hat das damals geheißen - bis rauf alles von der KEA betreut worden. Die Selektion war vorher, dann die Ausbildung und dann halt gleich ins Cockpit. #00:01:18.1#

I: Kannst du mir sagen warum es die KEAs geworden ist und warum nicht beispielsweise die KER oder ein anderes Unternehmen? #00:01:25.2#

P: Das war damals recht einfach, alles was vor - Hausnummer 2002- so ungefähr war, würde ich mal so festmachen... die KEAs war die einzige Airline in Österreich die die Ausbildung gezahlt hat. Also du bist -wenn du die Selektion geschafft hast, wenn du die Ausbildung geschafft hast- dann hast du 5 Jahre so ein bisschen einen Ausbildungskredit zurückzahlen müssen. Das ging aber auch damit, dass sie dir ein bisschen das Gehalt gekürzt haben. Also du musstest jetzt nicht irgendwo wirklich einen Kredit oder sowas vorstrecken. Und das war auch damals schon unschlagbar günstig für einen der angefangen hat, weil sogar die GEA hat damals schon die GEA Flight Training ausgelagert gehabt und hat von dir Geld verlangt. Also damals wäre es für mich gewesen -ich habe mich auch bei der GEA erkundigt- 145.000DM hätte die Ausbildung gekostet. Und bei der KEA war es mehr oder weniger gratis. Also deswegen würde ich jetzt auch mich dazu versteifen, dass ich sage der normale Werdegang für jeden der es probiert hat war zuerst KEA und dann etwas anderes. Also das gilt für diese Zeit und für diesen Rahmen. #00:02:34.6#

I: Und du bist aus Wien? #00:02:34.6#

P: Ich bin aus Niederösterreich ursprünglich. #00:02:38.1#

I: OK. Wäre die KER eine Option für dich gewesen, grundsätzlich? #00:02:41.3#

P: Grundsätzlich.... ähm... wie soll ich es sagen. KER war zu meiner Zeit damals wirklich nur eine kleine Regionalfluglinie, die mehr oder weniger fast nur so Innsbruck und westliches Österreich und so weiter, die sind dann erst groß geworden. Aber natürlich wäre es eine Option gewesen, weil wenn es die KEA nicht geworden wäre, dann hätte ich mich durchprobiert. #00:03:07.4#

I: Das heißt KER wäre die 2. Wahl gewesen? #00:03:07.4#

P: Die Zweite wär wahrscheinlich die PF gewesen und die Dritte KER und dann ins Ausland oder so. #00:03:15.0#

I: OK. Die KER wäre also eher weiter hinten gewesen? #00:03:16.2#

P: Ja, also... Ich würde auch sagen für meine Generation an Leuten gilt "der der es wirklich probiert hat, weiter probiert hat, der hat sicher irgendwo einen Job gefunden. Also wenn es nicht die erste Version gewesen ist, dann halt die zweite oder dritte. #00:03:32.0#

I: Und darf ich dich etwas intimeres fragen? Bist du Ex-OS alt? #00:03:33.7# #00:03:33.7#

P: Ja, das heißt bei uns jetzt Ex-OS alt (lacht). #00:03:37.2#

I: Nur fürs bessere Verständnis. Und deine Positionen... du bist vom First Officer zum Kapitän aufgestiegen. #00:03:45.3#

P: Ja genau. Bei uns damals gab es noch... das ist im Prinzip nur von gehaltstechnischen Natur... es gab einen dritten Offizier, einen zweiten Offizier, einen ersten Offizier, das waren alles Kopiloten und dementsprechend warst du dann ein einem anderen Gehaltsschema. Und vom ersten Offizier bist du dann irgendwann zum Kapitän aufgestiegen. #00:04:06.2#

I: Du hast mir bereits erzählt, dass du bereits vor der Übernahme im Unternehmen tätig warst. Kannst du mir etwas darüber sagen, wie ihr informiert worden seid? Also wie wurde kommuniziert intern? Wenn es darum ging -Kellner unterbricht- die Belegschaft darüber zu informieren wer als potenzieller Käufer in Frage kommt? Gab es da Informationen vom Vorstand? #00:04:43.7#

P: Sehr wenig. Wir sprechen da so vom Jahr 2009 und vorher? #00:04:48.2#

I: Genau. #00:04:48.3#

P: Also da hast du im Prinzip firmenintern nicht mehr erfahren als in der Zeitung gestanden ist. Und ich meine ja... es gab und gibt immer Gerüchte, diesen Kantinentalk, aber das ist auch immer wieder, ein Körnchen Wahrheit ist dabei, aber das meiste ist... Wenn du dir das ganze zu Gemüte führst, was du so an Gerüchten hörst, dann bist du spätestens ein Jahr später in der Klapsmühle würde ich sagen. Da war immer so "Nein wir werden zugesperrt, wir werden an die keine Ahnung verkauft oder dort oder dort hin." Also es gab die ganze Bandbreite, geworden ist es die GEA. Wie gesagt Internes wurde damals nicht nach Außen getragen. #00:05:29.9#

I: OK. Also das war im Vorstand oben aber bei der Belegschaft wußte man nicht so richtig was passiert? #00:05:35.9#

P: Ich glaube aber auch, dass die im Vorstand eine Klausel drinnen hatten, dass Sie über die Verhandlungen nichts weitererzählen dürfen. Und deswegen hast du auch nichts gehört. #00:05:44.9#

I: Wie war das für die Belegschaft dieses ungewisse. Gab es Ängste oder würdest du sagen ihr habt euch gedacht "Weitergehen tut es auf jeden Fall?" #00:06:00.0#

P: Die Ängste damals... Also ich muss dazusagen seit ich in dieser Firma bin geht es kontinuierlich bergab. Also die Leute die vor mir in der Firma waren haben auch schon gejammert und ich habe gesagt "Was ist denn, es geht euch doch gut." Und ich ertappe mich jetzt dabei, dass ich anfange zu jammern, weil so nach 20 Jahren Niedergang oder 15 Jahren... Du hast immer wieder damit gelebt, dass es da "Na uns geht es schlecht, und geht es wirtschaftlich schlecht, da geht es uns schlecht und die Konkurrenz ist so strak, bla, bla, bla." Das war ein ständiges weißes Rauschen im Hintergrund. Das hast du damals gar nicht so mitbekommen. So nach dem Motto "Wenn Sie hier noch Platz haben für... oder, dass sie da noch das Geld aus dem Fenster schmeißen und da gibt es ein Projekt, das nicht funktioniert"... so lange geht es uns gut. Das hat keiner ernst genommen. Zumindest nicht im Jahr 2009. #00:06:46.3#

I: Aber es war der Belegschaft durchaus klar, dass es dem Unternehmen nicht gut geht? #00:06:48.0#

P: Ja, aber das war schon immer so. Also wenn du, keine Ahnung, wenn du jeden Tag Feueralarm hast, im Haus, dann hörst du ihn nicht mehr. Genaus das... Wenn du dir wirklich die Bilanz durchgelesen hast - und wer tut das von uns der nicht muss - dann hast du es nicht wirklich gemerkt, weil schlecht gehen tut es uns ja immer. Und sie haben jede KV-Verhandlung alles immer damit so ...

"Naja, uns geht es so schlecht, wir können euch nicht geben." Also das war immer so. Damals im Jahr 2009, also mich persönlich hat es gewundert, weil wir haben gedacht "OK die GEA kauft uns jetzt, die werden jetzt mal kurz den ganzen Laden umkrempeln und ich bin gespannt was passiert". Passiert ist de Facto die nächsten drei Jahre nichts. Also es ist ganz normal so weiter gegangen. Es wurden so ein... wenn du nicht viel Einblick hattest, die gleichen Leute blieben am Ruder, da hat sich in den Abteilungen nicht viel verändert. Natürlich wurden hier und da Leute gekündigt, aber die Köpfe wurden nicht ausgetauscht. Also die Abteilungsleiter sind die gleichen geblieben. #00:07:57.4#

I: Also es gab kein Köpferollen? #00:07:59.3#

P: Nicht wirklich nein. Und es wurde auch damit argumentiert, die GEA hat uns zwar gekauft, aber sie hat nicht die Firma gekauft, sondern den Markt. Und die geben uns jetzt halt Benchmarks vor und die müssen wir halt erreichen. Wie wir das tun ist der GEA egal. Und das war so, sie hat halt jetzt einfach das ganze gekauft, dann haben wir halt weitergewurschtelt und 2012 kam es dann halt zum Eklat. #00:08:21.2#

I: Magst du mir diesen Werdegang aus deiner Perspektive erzählen, wie das abgelaufen ist? Du hast ja gesagt es gab Benchmarks, vermutlich lautete dieser "Schreibt schwarze Zahlen", aber es gab keine genauen Vorgaben. #00:08:40.6#

P: Ich bin mir ganz sicher es hat genaue Vorgaben gab. Ich bin mir aber auch ganz sicher, dass es in meiner Ebene niemanden gegeben hat den es wirklich interessiert hat, weil du einfach im Tagesgeschehen andere Prioritäten gehabt hast. Für uns ist im Prinzip so, dass wir schauen, dass die Flieger von A nach B kommen, dass das pünktlich ist und in der Zwischenzeit schlafen wir uns aus. Und was die Manager machen und wie sie Ihre Ziele erreichen und wie sie ihre Prämien kassieren, das ist dann deren Geschichte. Aber das bekommst du so nicht mit. Oder nur wenn du dich wirklich dafür interessierst und die wenigsten interessieren sich wirklich dafür. #00:09:15.2#

I: Aber wahrscheinlich nur bis zu diesem Zeitpunkt wo dann das eigene Gehalt betroffen ist, weil dann geht es einem selbst an den Kragen #00:09:19.7#

P: Ja natürlich, ganz genau. #00:09:29.9#

I: Wenn man persönlich betroffen ist, wie äußert sich das? #00:09:29.9#

P: Naja, es war halt dann so, dass es deine Zeit lang vorher absehbar war, dass unsere Führung nicht viel zusammenbringt. Und damals hatten wir glaub noch eine Doppelspitze, diesen Herrn Birwirth und den Herrn... #00:09:45.2#

I: Vorstandsvorsitzneder XY? #00:09:45.7#

P: Vorstandsvorsitzneder XY, Dankeschön.... Und die kamen dann irgendwann einmal schwerst unter Druck. Ich würde sagen so um die 2011, würde ich so schätzen, und im November 2011 war dann halt so... #00:09:58.9#

I: Die Sparmaßnahmen, die 5 Prozent? #00:10:01.5#

P: Das war schon davor. Die Sparmaßnahmen 5 Prozent die haben wir schon, das war ein Solidarpaket vor, hmmm wann war das, ich glaube schon 2010 für fünf Jahre abgeschlossen. Also wir haben freiwillig, quasi auf diese fünf Prozent verzichtet, mit der Option wir bekommen es dann wieder. Aber ist nur das letzte Sparpaket in einer ganzen Reihe von Sparpaketen. Also ich glaube -ohne es jetzt nachzählen zu wollen- seit ich in der Firma bin habe ich sicher schon fünf Sparpakete mitgemacht. Und da waren teilweise Sachen dabei wo es... quasi nur ein fiktives Sparpaket war, weil sie einfach die Tabellen nach unten gesenkt haben. Das heißt es hat dich nicht unmittelbar betroffen, sondern das war auf deine Lebensarbeitszeit gesehen, dass sie dir da für die Zukunft Gehalt weggenommen haben, aber es hat dich nie so betroffen, dass du gesagt hast "OK, jetzt reißen sie mir etwas vom Geldbörserl heraus." Damit war es für niemanden spürbar und damit war es auch OK. Die fünf Prozent, da gab es vorher schon einmal ein 8 Prozent Solidarpaket. #00:11:10.8#

I: Da Sprechen wir jetzt aber nur von der KEA oder auch von der KER? #00:11:13.1#

P: Ähm... damals. #00:11:18.6#

I: Weil die hatten zwei unterschiedliche Kollektivverträge. #00:11:18.6#

P: Damals gab es bei der KER auch ein Solidarpaket nur die haben das anders gelöst, die sind auf Teilzeit gegangen. Das heißt die haben Kurzarbeit gemacht, damit die anderen Leute nicht gekündigt werden. Wir haben auf 8 Prozent Gehalt verzichtet, damit sie unsere 50 jüngsten Kopiloten nicht rausschmeißen. Das war ähnlich, aber unterschiedlich. Und damals, das war - puh wann war denn das - das müsste so 2007/2008 gewesen sein... #00:11:48.5#

I: Die 8 Prozent? #00:11:48.5#

P: Die 8 Prozent. #00:11:50.3#

I: Also sogar noch vor der Übernahme in diesem Fall. #00:11:51.2#

P: Und die Geschichte mit der Kurzarbeit ging länger und bei uns war es auf ein Jahr befristet. Und da hat sogar dann ein Teil des Vorstandes mitgemacht bei dem 8 Prozent Solidarpaket, was als Zeichen sehr sehr nett war. In der Wirkung natürlich auch sehr positiv. #00:12:15.2#

I: Das heißt wenn die da oben bereit sind auf etwas zu verzichten, dann sind wir bereit auch unseren Beitrag zu leisten als Belegschaft? #00:12:17.0#

P: Naja es ist dann ein Jahr später komplett ins Gegenteil geschlagen, weil wir dann mitbekommen haben, dass sich die das mit einer Einmalzahlung wieder zurücküberweisen haben lassen. Also die haben sich dann, weil es dann ja wieder wirtschaftlich so gut und so weiter, haben sie sich einen Bonus auszahlen lassen. Womit sie das, worauf sie zuvor verzichten haben, doppelt und dreifach wieder zurückbekommen haben. Und somit war die Akzeptanz bei der Belegschaft nicht wirklich gegeben. #00:12:41.3#
Um auf die fünf Prozent zurückzukommen, das war glaube ich 2010, weil 2015 wäre das glaube ich.... nein das war sogar 2009... ich bin mir nicht mehr ganz sicher, aber egal. Naja auf jeden Fall Ende 2011 ist halt dann -mir verschwimmen jetzt schon die Vorstände- der Herr Mexikaner gekommen, der Albrecht. Ja und dann hat es nicht lange gedauert, also der hat sich dann das ganze einen Monat lang angeschaut und wir haben dann alle schon gewusst -und das wurde auch intern so verbreitet, nicht offiziell, aber inoffiziell- der ist jetzt die Feuerwehr. Also jetzt ist wirklich Feuer am Dach und ja uns geht es schlecht, aber jetzt geht es uns wirklich schlecht. Ja und ich glaube Jänner 2012 hat er dann glaube ich gesagt "Ja das kann er sich jetzt nicht weiter so anschauen, die Zahlen sind tiefrot, und er kündigt jetzt den KV." #00:13:40.1#

I: Den KEA-KV? #00:13:40.1#

P: Den KEA-KV. Das war etwas, das es halt vorher in ganz Österreich so in der Form nie gegeben hat. #00:13:48.1#

I: Wie war das dann für euch? #00:13:49.6#

I: Naja, das war so Ungläubigkeit gepaart mit Schock und gepaart mit Ärger würde ich sagen. Also in dieser Zeit... war es dann in dieser Firma hochemotional, auf beiden Seiten. #00:14:08.6#

I: Als er (Albrecht) dann gekommen ist, hat er gesagt "So machen wir es" oder wie ist das abgelaufen? #00:14:14.2#

P: Naja du hast von ihm selbst nicht viel gehört, zumindest die ersten paar Wochen. Man muss dazu sagen er kam zu einer Zeit wo es traditionell in der ganzen Firma auch so nicht viel zu hören bekommst, weil immer so im Sommer und in der Weihnachtszeit sind die Büros meistens sehr verweist, weil da gehen die meisten Leute auf Urlaub. Da wird sehr wenig in den Büros selber gemacht. Da rennt zwar der Flugbetrieb ganz normal weiter, aber der rennt quasi ohne Aufsicht oder wie auch immer. Das ganze normale Tagesgeschäft geht seinen Weg, aber in der Büros passiert eben nicht viel. #00:14:49.5#

I: War das auch die Zeit, als dann die Weihnachtsfeier gestrichen wurde? #00:14:50.4#

P: Ja, die Weihnachtsfeier ist so eine Geschichte, auch Firmenfeiern und so weiter. Das war auch die letzten Jahre über auch sehr nett, aber ich kenn wenige Leute die sich wirklich die Mühe gemacht haben dort hin zu gehen. #00:15:07.3#

I: Die hat also gar keinen so hohen Stellenwert? #00:15:07.4#

P: Es gibt so in dieser Firma so ein bisschen einen tiefen Graben zwischen den Büroleuten und den Fliegenden. Egal jetzt woher die Fliegenden sind, aber ich glaube die Firma ist einfach zu groß und wir haben zu wenige Berührungspunkte. Das heißt wenn du jetzt persönlich jemanden kennst im Büro, natürlich gehst du den vielleicht einmal besuchen oder so, aber normalerweise gehe ich dort rein, zieh meine Uniform an, geh raus fliegen und geh wieder heim. #00:15:34.3#

I: Das heißt es gibt kein Miteinander? #00:15:34.3#

P: Wenig. Also, wie wir damals mit der PF zusammengegangen sind, habe ich mir halt sehr viele Sachen angehört von damals wie die gearbeitet haben. Die waren ein kleiner Flugbetrieb, wurde dann graduell größer. Aber als sie sehr klein waren, da war das ganze eine verschworene Gemeinschaft. Und es war immer wieder so, diese Story "Na es tut ihnen so leid, dass das irgendwo verloren gegangen ist am Weg." Aber ich glaube ab einer gewissen Größe geht das nicht mehr anders. Also irgendwann einmal ist das vorbei, dass du jeden kennst. Und sie haben auch immer gesagt -die Lauda-Leute- "Es war so nett, weil du hast gewusst... wenn du irgendetwas gebraucht hast vom Büro, dann hast du den Namen und das Gesicht dazu gewusst und hast dort direkt angerufen und die Geschichte hat sich." Und bei uns war das damals schon eher so: Du gehst in der Hierarchie nach oben, also du meldest dich beim Flottenchef, der schaut dann weiter für dich, drei Wochen später bekommst du die Antwort Ja oder Nein. #00:16:26.5#

I: Das ist lustig, weil die Leuten von den KER haben mir genau das selbe erzählt. #00:16:28.7#

P: Ja, ja genau. Die waren ja auch sehr lange, sehr klein. #00:16:28.8#

I: Genau. Die haben sich auch alle persönlich gekannt. Das haben die ebenfalls kritisiert, dass das verloren gegangen ist. Und wenn wir jetzt nochmals zurückgehen. Albrecht hat dann zu euch gesagt "Neuer Kollektivvertrag". Magst du mir sagen, wie da die Verhandlungen abgelaufen sind? #00:16:45.7#

P: Nein, der hat nicht einmal gesagt neuer Kollektivvertrag, der hat von Anfang an gesagt "Es ist jetzt Feuer am Dach". Und ist in die Verhandlungen reingegangen mit der... Er hat uns einen Vertrag auf den Tisch gelegt... #00:17:03.0#

I: Einen fertigen Vertrag? #00:17:03.0#

P: Den fertigen Vertrag wo er gesagt hat "Das unterschreibt ihr jetzt". Achja, immer dazu gesagt ich bin weder Betriebsrat, noch sonst irgendetwas, das sind jetzt immer nur die Geschichten die ich gehört habe und der Wahrheitsgehalt ist halt... keine Ahnung, aber das ist meine Sicht. #00:17:16.0#

I: Das ist schon OK, so hast du es eben miterlebt. #00:17:17.0#

P: Die haben da einen Vertrag auf den Tisch gelegt und haben gesagt "Das ist zu unterschreiben, mit einer Woche Bedenkzeit" oder so. "Wenn nicht dann Kündigung des alten KVs und dann machen wir das ganze halt ohne KV weiter". Sie haben da ein Konzept ausgehandelt gehabt, also man kann das ganze mit Unternehmensrichtlinien weiterführen, man braucht keinen KV, bla, bla, bla. Das war aber schon Messer an die Brust, das waren keine richtige Verhandlung. Entweder so, entweder my way oder no way. #00:17:46.8#

I: Die Verhandlungen heißt zwischen Betriebsrat und Vorstand, Albrecht? #00:17:49.6#

P: Die Verhandlungen in dem Fall zwischen Vorstand und Betriebsrat, weil es traditionell immer so war, dass... die Wirtschaftskammer und die Gewerkschaft sich am Airlinesektor rausgehalten haben. Also die haben gesagt "OK, wir haben da zu wenig Know-How, wir lassen euch das selber ausverhandeln, ihr macht euch das aus. Ihr kommt zu einem Ergebnis, wir unterschreiben euch das ganze dann, damit es Gültigkeit hat." Das war im Prinzip ein Unikat in der ganzen Geschichte wie sie in Österreich halt die KV-Verhandlungen führen, aber deswegen war es auch immer so, dass der Betriebsrat direkt mit dem Vorstand verhandelt hat. Dann haben sie da ein Paket ausverhandelt, das war es dann. Wie gesagt in diesem Fall gab es keine Verhandlungen, weil entweder so oder gar nicht. Und dann hat er halt auch gesagt, das weiß ich noch, denn da gab es dann, da gabs dann viele Emails und viele offizielle Schriftstücke " Ja er hat deswegen so viel Zeitdruck, weil ihm sitzt die Bilanz im Nacken und er muss bis spätestens - ich weiß nicht mehr wann - irgendeinem Datum den KV kündigen, damit das ganze dann Gültigkeit hat, damit das ganze dann halt ins Laufen kommen kann." Ja dann war halt der Ofen aus. Dann hat der Betriebsrat uns das vorgelegt und dann haben wir halt auch sehr viele Betriebsversammlungen gemacht, wo das ganze präsentiert wurde, das Für und Wider. Man ist halt einfach daraufgekommen... das Angebot war so schlecht, das kann man nicht akzeptieren. #00:19:17.0#

I: Inwiefern schlecht? Kannst du dazu etwas sagen? #00:19:17.9#

P: Naja, prinzipiell auf allen Ebenen. Mehr fliegen für weniger Gehalt, weniger Pension, weniger Diäten... keine Ahnung. Alle diese Amenities die wir halt sonst gehabt haben. Und das aber nicht im Rahmen von fünf, sechs, sieben, acht, zehn Prozent, sondern teilweise 20 Prozent, teilweise bis zu 40 Prozent weniger. Also je nachdem wen es betroffen hat. Von der kleinsten Flugbegleiterin, bis ältesten Kapitän. Da hat man dann einfach gesagt "Kategorisches Nein." Das hat halt dann die Belegschaft dem Betriebsrat mitgegeben, weil der hat gesagt "Er macht das jetzt nicht, er lässt abstimmen." Und wir haben abgestimmt und gesagt "Nein, so nicht." Gut dann hat der Albrecht halt Kollektivvertrag gekündigt und damit war es gegessen. Also das ging innerhalb von, ich weiß nicht... das waren zwei oder drei Wochen, das war es. Das hat er bald einmal gemacht. #00:20:26.1#

I: Also zwischen dem Vorschlag und dem Ablehnen. #00:20:30.0#

P: Und jetzt noch eine kleine Raubergeschichte und wirklich ein Gerücht. Ähm... Der Albrecht hatte natürlich Berater und der Albrecht hatte eigentlich ein anderes Ziel, wenn man dem ganzen so glauben kann. Und zwar war das eigentlich die Geschichte, dass KEA Personal, vor allem das OS-alt Personal, so ein bisschen den Ruf hatte "die gehen beim kleinsten Scheiß streiken". Und das Ziel mit diesem ANgebot, das er uns da gebracht hat war im Prinzip nicht, dass wir das akzeptieren, sondern der wollte uns da jetzt zu irgendeiner unbedachten Handlung führen, damit er aufgrund der schlechten Wirtschaftslage den Flugbetrieb einstellen kann für einen Tag - so wie es damals bei der GEA-Tochter XY war 2001 - und das ganze, also auf einen Schlag - abräumen kann und dann wieder aufbauen kann. #00:21:21.5#

I: Du meinst er wollte die Leute loswerden? #00:21:20.5#

P: Ja, so wie man es bei der GEA-Tochter XY auch gemacht hat. Damals war das ganze ja noch ungesteuert, das ist ihnen passiert. Aber die haben damals auf einen Schlag sämtliche Altlasten loswerden können, hatten natürlich noch von der schweizer UBS, glaub ich war das, zwei Millionen oder so erhalten. Aber das wichtigste ist, unser KV ,unser zweiter KV mit der KER, all das war so ein Konvolut und ist es heute noch teilweise, gewachsen aus 50 Jahren Firmengeschichte, das wollten sie loswerden und zwar auf einen Schlag, wollten das abräumen und wollten sofort etwas neues implementieren. Die Leute da mehr oder weniger kündigen und dort neu aufnehmen. Dann hatte man das ganze gestreamlined gehabt. Die Leute irgendwo in einer Geschichte... wie gesagt ist ein Gerücht, hab ich von einem Betriebsrat gehört, der hat das wiederum von der VC (=Vereinigung Cockpit, eine Pilotengewerkschaft) gehört, der wieder Kontakt gehabt hat in den Vorstand der GEA. So auf der Geschichte läuft das. Wenn es nicht stimmt, dann ist es zumindest sehr gut und plausibel. Also wenn ich Manager wäre, ich würde es wahrscheinlich so probieren. Einfach aus dem heraus... #00:22:29.4#

I: Es gibt ja zwei Veträge, mittlerweile ja eh nicht mehr aber damals nach 2002 - du korrigierst mich wenn ich mich irre - den Ex-OS alt und den heutigen KV. Und du bist ja noch im alten drinnen. Ging es darum die Alten (Ex-OS alt Verträge), die teureren, dass man die loswird? #00:22:53.1#

P: Nein, sie wollten und nicht weg haben, sie wollten uns behalten, das glaube ich schon. Sie wollten uns nicht weg haben, sie wollten das ganze nur viel vereinfachter haben und sie wollten es natürlich billiger haben. Natürlich billiger, denn wenn man schon das eine hat, dann kann man das andere auch gleich mitnehmen... so ungefähr. Und nach 2002, ich weiß gar nicht mehr genau... Wir hatten die Geschichte mit dem Merger, mit der PF war 2003 oder 2004. Und damals gabs dann einen KV mit Zusatz-KV, so hat das geheißen. Also wir hatten einen KV der darauf abgezielt hat, dass es innerhalb der nächsten zehn Jahre, dann so mit Einschleifregelungen für alle gilt. Und Zusatz-KV deswegen, weil es damals noch einige Goodies gegeben hat für die OS-alt KV-Leute, die in diesen Zusatz-KV geregelt waren. Aber so mehr oder weniger zehn Jahre später hätte das ganze dann für alle gelten sollen. Und das hat es dann auch. Der hat damals sogar Wachstums-KV geheißen, weil man dann auch mit schönen Rechenmodellen halt irgendwo argumentiert hat "Wenn jetzt alle Neueintritte in die Firma nur mehr in diesen Wachstums-KV eintreten, dann wird das pro Jahr um so und do viel Prozent billiger gesamtgesehen aufs Personal." Hat dann leider nicht funktioniert, weil es hat dann keine Neueintritte gegeben hat. Und diese Geschichte war dann aber auch wieder sehr... wie gesagt da gibt es dann aber auch wieder mehrere Geschichten, viele Geschichten... ähm... eiegtnlich war der Plan, dass man damals alle drei ins Boot hohlt. Also der Merger Lauda und KEA war eigentlich ein untypischer Merger, weil er vom Personal gefordert worden ist und nicht vom Management. Also wir haben dafür gestreikt damals, dass wir eigentlich zusammenkommen können, damit wir uns besser aufstellen können gegen das Management. Damals haben wir nicht gestreikt für bessere Arbeitsbedingungen oder mehr Gehalt, sondern wir haben damals gesehen, dass die Firma natürlich Teile und Herrsche betreibt und uns gegeneinander ausspielt. Damals war dann die Lauda schon eine Tochterfirma von der KEA, die KER sowieso. Es hat damals Production-Companies geheißen. Also du hattest unter einem Dach drei Flugbetriebe sozusagen und die wurden natürlich gegenseitig schön, brav... "Also wenn du nicht brav bist, dann geben wir das Geschäft zur KER und wenn du nicht brav bist zu dem." Und wir haben gesagt wir lassen uns das nicht mehr gefallen, wir gehen jetzt zusammen, wir versuchen jetzt unsere Differenzen jetzt irgendwie zu lösen und machen einen Merger. #00:25:20.7#

I: Also wurde der Merger von der Belegschaft gefordert? #00:25:21.9#

P: Ja, genau. Das ging aber nur... dann auch schon unter massiven Geburtswehen, unter anderem haben wir dann einmal gestreikt, oder sogar zweimal, oder nur einmal, ein zweites mal angedroht, aber dann nicht gemacht oder so. Aber das große Ziel wäre eigentlich gewesen auch die KER da gleich schon mitzunehmen. Dass wir dann ein Flugbetrieb werden und das - aus welchen Gründen auch immer - ist das damals nicht geschehen. Und da gibt es jetzt halt mehrere Versionen von dieser Geschichte. Ähm... die Version die ich gehört habe war einfach... Um das ganze dann noch irgendwie zu ratifizieren hat man in jedem Flugbetrieb eine Abstimmung gemacht und da mussten mehr als 50 Prozent dafür sein, dass man halt merget. Und das wurde bei PF und KEA geschafft und bei der KER haben sie diese 50-Prozent-Hürde knapp nicht geknackt. #00:26:17.8#

I: Wir sprechen jetzt vom Jahr 2004? #00:26:17.0#

P: 2004. Ähm... nur kurz ausgeholt warum das ganze. Ja so 2003/2004. Und dann hat man gesagt "Gut, dann machen wir jetzt den Merger Lauda-KEA, KER halt nicht, vielleicht zu einem späteren Zeitpunkt nocheinmal versuchen" oder wie auch immer. Tiroler Leute haben mir schon erzählt diese 50-Prozent-Hürde haben sie sehr wohl geknackt nur hat der Betriebsrat von der KER mit dem Betriebsrat von Lauda-KEA ausgemacht "Wir machen das jetzt nicht, weil einen 3-Fachmerger zu stemmen, das ist nicht so einfach, wir kommen ein Jahr später" oder so irgendwas. Es sind dann die zwei Versionen, die ich gehört habe. Was auch immer stimmt, der Fakt ist: Wir sind nicht zusammengegangen. In die Zeit fiel dann die Ausflottung der MD-80 Flotte. Die wurde dann sukzessive - 2005 war der Letztflug der MD-80 in Wien bei der KEA - und den das Nachfolgemodell, die Fokker 100 und Fokker 70 wurde dann komplett zur KER verschoben. Das heißt es wurde hier mehr oder weniger eine ganze Flotte von einem Betrieb zum anderen Betrieb verschoben und deswegen funktioniert, oder hat auch der Wachstums-KV nicht funktioniert, weil bei uns waren dann die nächsten sechs-sieben-acht Jahre Stagnation, während die KER einen nie dagelassenen Boom hingelegt hat. Wo sie nicht einmal gewusst haben wie sie jetzt die Flieger besetzen sollen. Die haben da händeringend in ganz Europa Leute gesucht. In der Zeit fällt dann dieser Spitzname rein "Die größte Flugschule Europas". Da sind halt alle Leute zur KER, sehr viele Holländer, aber auch sehr viele andere Nationalitäten, sind dann halt eine Minimumzeit geblieben und bis sie dann halt irgendwo *einen anderen Job, einen besseren bekommen haben, sind wieder abgewandert. Und KER hat nichts anderes gemacht, als zu schulen, zu schulen, zu schulen. #00:28:13.2#*

I: Glaubst du rühren daher vielleicht auch aus dieser Zeit Konflikte, die heute noch sichtbar sind? #00:28:20.6#

P: Absolut. #00:28:21.9#

I: Weil die KER sagt schon "Uns wurden jetzt alle Aufstiegschancen genommen" seit der Übernahme mit dem neuen KV. Das sind Sachen die jetzt nicht ich behaupte, sondern die kommen von der KERseite. #00:28:34.8#

P: Du brauchst es mir nicht erzählen, die kennen wir alle (lacht). #00:28:40.1#

I: Du kennst wahrscheinlich auch die Vorwürfe, dass die KER-Leute keine Aufstiegschancen mehr haben. Sie können nicht mehr Kapitän werden, sind beim KV grundsätzlich mal darunter und haben das Gehalt eigefroren für die nächsten zehn Jahre. Das sind so die Vorwürfe... #00:29:02.5#

P: Ich sag es jetzt mal andres. Erstens einmal muss man dazusagen wie überall auf der Welt... die Meinungsmacher und die Schreier. Auf jeder Seite, egal wo. Das sind meiner Meinung nach ungefähr zehn Prozent und der Rest ist so die stumme Mehrheit, die halt aber von denen beeinflusst wird. Diese zehn Prozent, die sehr auffällig sind machen einerseits das Image für alle, andererseits machen sie aber auch für alle. Und die meisten hängen sich dann halt teilweise an. Dazu muss man jetzt vielleicht auch noch sagen, in der Luftfahrt gibt es immer auch noch so Wellen und es gibt Wellentäler und Wellenberge. Und wenn du Glück gehabt hast, bist du bei einem Wellenberg eingestiegen und hast quasi deine Karriere in den ersten drei Jahren erledigt. Wenn du Pech gehabt hast bist du ins Wellental gefallen. Das sind jetzt diese -Kopiloten die seit fünf Jahren darauf warten, dass es irgendwie weitergeht. Also die GEA produziert ja seit über fünf Jahren auf Halde und die Leute haben ja nicht einmal die Chance, dass irgendwo auf ein Airline-Cockpit kommen. Teilweise kommen sie jetzt zu uns. Das sind so die Kriterien. Meine Generation hat so ausgeschaut. Ich bin 1998 in die Firma gekommen und zu uns haben sie gesagt "So Pi mal Daumen, wenn es schnell geht seid ihr in acht Jahren Kapitän, wenn es nicht so schnell geht seid ihr erst in zwölf Jahren Kapitän." Das war so immer aus den Jahren davor die Wachstumsraten. Wenn es immer so kontinuierlich weitergeht bla, bla, bla. Das hat für die letzten 30 Jahre gegolten, warum soll es jetzt auf einmal nicht gelten so ungefähr. Gut, dann war dieser Merger, die Umflottung auf einmal ist bei uns gar nichts mehr weitergegangen. Auf einmal hast du auf 15 Jahre und mehr geschaut, eher 20 Jahre, eher wer weiß wie lange. Und auch klar warum... wenn du ganze stagniert und es nicht mehr expandiert, dann bist du zumindest die Hälfte deiner Arbeitszeit, deiner Lebensarbeitszeit Kopilot, weil es kann sich ja nicht anders ausgehen. Irgendwo nach hinten geht es nur dann, wenn du Leute pensioniert werden. Ähm.. Ja und daneben hast du Leute gesehen, die mit dir noch Selektion gemacht haben oder mit dir sogar teilweise die Ausbildung gemacht haben, weil... nur weil du damals die Selektion geschafft hast hat das nicht geheißen, dass du dann schon den Platz sicher gehabt hast. Weil auch die Ausbildung war selektiv. Wenn du da schlechte Leistung gebracht hast, hat es unter Umständen sein können, dass du abgelöst worden bist. Und teilweise haben wir diese Leute dann wieder gesehen... Weil natürlich, was macht der Mensch der will auch irgendwo... der hat es dann anders probiert, teilweise fliegen solche Leute bei der KER und auch bei der Lauda. Nicht zu sagen, dass die jetzt alle schlecht sind, um Gottes Willen, aber wenn ich so einer wäre, dann hätte ich jetzt wahrscheinlich auch einen ziemlichen Grant, wäre vielleicht persönlich betroffen, was auch immer. Ähm... das interessante war, der ging zu KER und war zwei Jahre später Kapitän. Und da war ich gerade einmal Kopilot mit der Aussicht auf 15 Jahre. Also wir haben nur die Aufstiegschancen gestohlen, für damals hat es sicher nicht gegolten. Nur, der ist natürlich dann auf seiner Dash-8 Kapitän gewesen und damit war er zumindest bei der KER, oder sagen wir mal die Fokker 100 war er dann Kapitän vielleicht und dann war er am Zenit. Da gab es nicht mehr. Und jetzt ist die große Streiterei zwischen Lauda und KEA inzwischen muss man sagen, weil auch die Ex-NG-Leute jetzt mehr oder weniger mit uns in einem Boot. Also es ist jetzt... wie soll ich das sagen... Es gibt drei Indianerstämme. Da gibt es die Apatchen, da gibts di Mohikaner und da gibts die Sioux - keine Ahnung - und die Apatchen sind mit den Mohikanern zusammengegangen und kämpfen jetzt gegen die Sioux, keine Ahnung. Ähm... Wir haben ihnen nicht die Aufstiegschancen genommen. Wir weheren uns dagegen, dass sie uns jetzt weiterhin rechts überholen. So ist jetzt die generelle Meinung von uns wenn man es so sagen möchte. Weil, jetzt so von mir her gesehen, ich sehe es nicht ein warum der - vielleicht auch wenn er jetzt schon zehn Jahre

Kapitän ist, mit mir gleichzeitig angefangen hat - warum der jetzt vor mir auf ein Langstreckencockpit gehen soll als Kapitän. Und das fordern sie aber, sie wollen jetzt einen Merger by Date. Also und das stößt uns halt sehr sauer auf. Und das ist auch die große Schwierigkeit die der Betriebsrat hatte, der jetzt halt für alle da sein soll. Der musste jetzt beide Seiten irgendwie versuchen unter einen Hut zu bekommen, was meiner Meinung nach nicht möglich ist, weil die Ausgänge so sind (deutet mit der Hand in zwei verschiedene Richtungen). Also Voraussetzungen sind irgendwo hier. Ja und sie haben es jetzt halt versucht mit diesem Konstrukt, dass es halt zwei Senioritätslisten gibt und wenn du von der einen Schiene in die andere willst, dann musst du dich halt hinten anstellen. So irgendwie. Und dieses ganze Werkel gibt es ja eh nur bis 2017, dann muss es neuverhandelt werden. Und es wird jetzt schon mehr oder weniger beeinsprucht. Also es sollte jetzt schon, 2016, ein Entscheid kommen von irgendeinem Schiedsgericht oder irgendeinem Schlichter, einem Mediator, der das ganze irgendwie anders überführen soll. Damit sich halt diese ganzen Klagen erspart, die jetzt gerade im Umlauf sind. #00:34:27.3#

I: Der Vorwurf der auch noch gekommen ist, war folgender... Die Gewerkschaft oder Ausschuss besteht ja glaube ich aus neun Mitgliedern ingesamt, sieben davon kommen von der KEA und zwei von KER. Der Vorwurf von KER wäre jetzt der, dass man sagt "Naja, es kann gar nicht zu Gunsten der KER ausgehen, weil es bei den Verhandlungen des Kollektivvertrags immer 7:2 steht." #00:34:58.7#

P: Wie gesagt, die Verhandlung des KV hat der Betriebsrat gemacht. Die Gewerkschaft stand nur dahinter und hat den Betriebsrat machen lassen. Der Betriebsrat besteht meines wissens aus 18 Leuten und die wurden gewählt im ganzen Personal. Die letzten Zahlen habe ich leider nicht, aber es ist so ungefähr... ähm... elf Leute sind KEA-Lauda, wobei glaube ich zwei oder drei Lauda sind, und die anderen sieben sind KER. Das heißt, und soweit ich das aber weiß, auch wenn sie die nominelle Mehrheit gehabt hätten im Betriebsrat, wurde niemals irgendwas in den KV-Verhandlungen zu einer Kampfabstimmung betriebsratsintern geführt. Also die haben immer geschaut, dass sie einen konsens haben, soweit es möglich war. Und es haben deswegen auch einige Betriebsratsmitglieder auch wieder aufgehört, weil sie gesagt haben sie können da nicht mit. Ähm, aber im generellen hat dieser Betriebsrat unter Betribsratvorstand XY halt gesagt "Wir können das jetzt nicht jetzt irgendwie mit Gewalt über uns drüber bügeln, weil das sieht schon mal blöd aus." Also die haben da immer probiert, dass sie da eine Einigung erzielen. Dann haben sie erst irgendetwas im KV unterschrieben so irgendwie. Und dann hat aber erst die Gewerkschaft das ganze... Da gab es aber auch sicher viel Support. Ich weiß allerdings nicht, wer jetzt in der Gewerkschaft KEA oder KER ist. Es gibt auch zwei Gewerkschaften. Man muss da auch noch vorsichtig sein. #00:36:21.1#

I: Die vida und die... #00:36:22.4#

P: Die GPA. #00:36:25.0#

I: Ja genau. Die KER wollten ja zur GPA. #00:36:26.6#

P: Sie sind bei der GPA. #00:36:26.6#

I: Aber den Kollektivvertrag anscheinend, der läuft immer noch über die vida. #00:36:33.8#

P: Ja, weil die vida auch zuständig ist. Also die vida ist in der Gewerkschaft die Abteilung für Transportwesen, also dort sind die Bahn, die Schifffahrt und die Luftfahrt. DIe GPA ist irgendwas Gewerkschaft für Privatangestellte, die hat mit dem ganzen nicht viel zu tun. Und auch natürlich auch in der Gewerkschaft gibt es Grabenkämpfe... Und nur weil die GPA jetzt von der vida quasi das Stammklientel absagt sagt die vida "aber unsere Kompetenzen bekommt ihr nicht." So ist es nicht, da geht es ja auch um sehr viel Geld da irgendwie. #00:37:05.2#

I:Jetzt sind wir ein wenig abgeschweift, aber das passt sehr gut (lacht). Vorhin waren wir bei Albrecht, Kollektivvertrag... die Verhandlungen. #00:37:21.1#

P: Die Verhandlungen waren in dem Moment vorbei, wie er gesagt hat "Das ist jetzt der KV und das war es." Dann gab es zwar noch einen Gegenvorschlag von unserem damaligen KEA-Lauda Betriebsrat, der nicht viel besser war als das Papier das uns der Albrecht hingelegt hat, aber halt in wichtigen Details anders ausgeschaut hat. Da gab es dann... da ging es eher so um Pensionen und um die Gehaltstabellen fortlaufend und so weiter und so fort. Die ganzen Sachen ein bisschen anders verteilt, weil der Vorschlag vom Albrecht der hat da nicht viel Rücksicht genommen auf einzelne Personengruppen. Also manche wären höher belastet gewesen als andere und das hat man versucht halt irgendwie zu vereinfachen und zu vermeiden. Und dieser Vorschlag wurde dann auch personalintern mit über 90 Prozent "Ja" abgestimmt. Den hat man ihm dann vorgelegt "Schau, das könntest du jetzt haben. Unterschreib den KV du hast soziale Sicherheit, du hast rechtliche Sicherheit, du hast ein Personal, dass dann zufrieden ist - oder mehr oder weniger zufrieden ist - und lass uns nicht diesen anderen Weg gehen." Das war so ungefähr von den Personalseite, von der Betriebsratsseite an den Albrecht heran. Und der hat dann gesagt "Nein, das tut er ich nicht, er fährt jetzt die harte Schiene. Und abgesehen davon, es ist ja schon der KV gekündigt, das ist ja schon am laufen, er kann nicht mehr zurück." #00:38:49.5#

I: Ihr seid dann einfach nach Richtlinie dann geflogen? #00:38:51.4#

P: Wir sind dann nach Unternehmensrichtlinie geflogen. Ja und in diesem Moment hat der Betriebsrat gesagt "Ja gut, dann können wir halt auch nicht anders." Dann hat halt diese ganze Prozedur angefangen: da Klagen, dort das mit der Gewerkschaft und so weiter und so fort. Ähm. Warum die Gewerkschaft den KER-Kollektivvertrag gekündigt hat... ist auch noch so ein Gegenstand der unterschiedlich gesehen wird. Die Gewerkschaft hat gesagt sie müssen das aus strategischen Dingen machen, weil sonst der Vorstand die Möglichkeit hätte uns in den KV von der KER zu überführen. #00:39:31.2#

I: Und wenn es den nicht gibt, dann kann man euch nicht überführen? #00:39:32.4#

P: Wenn es den nicht gibt, dann kann man nichts überführen. Es passiert den KER deswegen nichts, weil nur weil die Gewerkschaft etwas kündigt, wirkt alles was einseitig gekündigt wird... läuft sowieso weiter. Also das heißt unser gekündigter KV ist weitergelaufen, wurde aber vom Vorstand so nicht gesehen. Darum ging es in diesem Rechtsstreit. #00:39:54.0#
#00:00:29.6#

-NEUES BAND-

P: Der KER KV wurde von der Gewerkschaft gekündigt, ist aber anstandslos weitergelaufen und die Firma hat das auch so akzeptiert. Also da hatten schon mal ein bisschen ein Problem das auch irgendwie zu argumentieren. #00:02:11.3#

I: Mit Firma meinst du die KER? #00:02:12.1#

P: Nein, da meine ich den Vorstand. Wenn ich sage die Firma, dann ist das immer das Management. Ist vielleicht ein bisschen schizophren (lacht). Ähm... das ist so unsere Sichtweise. Und meines Wissens ist es auch so, dass niemandem bei der KER durch diese KV-Kündigung irgendetwas verwehrt worden ist oder weggenommen worden ist, was er nicht schon vorher gehabt hat. Also die sind ganz normal mit ihrem KV weitergeflogen. Die hatten keine Unternehmensrichtlinien und da wurde auch nie daran gerührt oder irgendetwas angetastet. Das einzige was sich dann erkauft hatten von Gewerkschaft und Betriebsratsseite, dass wir halt nicht so anstandslos da rüber geführt werden haben können. Sie haben es ja dann trotzdem gemacht mit diesem Betriebsübergang, das Unwort des Jahres 2012, aber das wurde halt dann auch noch beeinsprucht, weil es hat auch wieder das Argument war "Du kannst keinen Betriebsübergang machen, von einem Firmenteil zum anderen Firmenteil, wenn die Voraussetzungen nicht gegeben sind." Um es jetzt einmal zu vereinfachen. Da gab es dann einige technische Sachen und so weiter. #00:03:24.8#

I: Die Bedrohung war dann so: Ihr habt den Vorschlag gemacht mit eurem Kollektivvertrag, der von euch als fair empfunden wurde, darauf wurde nicht eingewilligt und darauf folgte der Betriebsübergang zur KER. Davor habt ihr - oder halt die Gewerkschaft - noch den KER KV gekündigt. #00:03:42.7#

P: Naja das mit dem KV kündigen und dem Betriebsübergang und so weiter, das wurde uns damals so gesagt, das war schon klar, dass das kommen wird. Es war auch so klar, dass mir verschwimmen jetzt so ein bisschen die Termine - aber ich glaube er hatte einen... Pass auf... Betriebsübergang war mit 1. Juni... Ich glaube irgendwo im März herum... Februar oder März war die ganze Geschichte halt so, vielleicht war es doch länger als drei Wochen, aber irgendwo in dieser Zeit fiel halt diese Kündigung vom KV rein, danach kam der Vorschlag von uns, der aber schon vier Wochen vorher ausgearbeitet wurde. Das braucht ja alles Zeit. Das heißt dass man so etwas nicht irgendwo in der Hosentasche hatten. Das ging sich nicht anders aus, vor allem auch dass du alle Betriebsteile informiert, das braucht auch immer Zeit. So eine Betriebsversammlung braucht eine Vorlaufzeit von ein paar Wochen um sie zu organisieren. Also es ging damals nicht schneller und es war eigentlich die Zeit die er uns gegeben hat uns darüber Gedanken zu machen und zu organisieren ,manchen sagen, zu kurz. Und das das ganze jetzt irgendwie auf halbwegs gescheite Füße gestellt wird... das war einfach zu kurz. Wie gesagt, was er da jetzt wirklich für eine Agenda im Hintergrund hatte - viele meinen halt das war alles gesteuert und das hatte einen anderen Sinn - und es gab halt auch immer diese Gerüchte "Im Vorstand denken sie die ganze Zeit warum streiken die nicht endlich, dann können wir das ganze zudrehen." Wie gesagt, es wäre eine einfachere Lösung gewesen. Und so hatten wir halt dann richtig die nächsten drei Jahre wo wir so arg herumgewurstelt haben, dass die Türe nicht zugeht. Ähm, aber grundsätzlich wie wir unseren Vorschlag gebracht haben, war es schon zu spät. Da war der Kv schon gekündigt, da war dieser Betriebsübergang schon eingeleitet. Und er hat dann argumentiert, dass ist irgendwie so Aktienrecht und das ist nicht mehr rückgängig zu machen, also es gibt keine Rückabwicklung von so etwas. Wie auch immer... Und dann gab es im Juni diesen Betriebsübergang. Dann haben halt mal 120 Leute gekündigt von unserer Pilotenseite und haben lieber die Abfertigung genommen. #00:05:50.0#

I: Das waren dann KEA-Leute? #00:05:52.0#

P: Das waren KEA und teilweise auch Lauda-Leute. #00:05:56.1#

I: KER, die hat das ja eigentlich nicht betroffen? #00:05:57.5#

P: Die hat es da noch nicht betroffen ja. Damals wurde... Also ich kenne die Geschichte von einem Fluglehrer von der 67, der früher beim Militär geflogen ist, der wurde zwei Tage nach dem Betriebsübergang angerufen von einem Freund der mit ihm beim Militär war, aber jetzt KER war, und so nach dem Motto "Du, kannst du mir nicht schon einmal die Handbücher von der 67 leihen, ich würde mich gerne einlesen." Also die Gerüchte dort drüben waren andere als bei uns, aber die haben damals schon geglaubt "Juhu, jetzt kommen wir überall hin." So ungefähr. Was dann aber natürlich so auch nicht war. Das ist kein Gerücht, diese Geschichte kenne ich wirklich. Und das ist auch immer so eine Geschichte von Erwartungshaltung auf welcher Seite du auch immer warst. Ich habe selber einmal etwas mitbekommen, das war aber noch Jahre vorher, da war ich als Kopilot nach New York unterwegs und eine Flugbegleiterin schaut rein ins Cockpit "Na da hinten hockt ein Kollege von der KER, ob er mit uns kurz reden darf." Natürlich haben wir ihn eingeladen ins Cockpit, dann ist er zwei Stunden bei uns gesessen. Er ist jetzt zwei Jahre Kopilot bei der KER - ein wirklich lieber Kerl, wirklich nett gesprochen, da gibt es gar nichts, eine Stunde gut unterhalten - und naja er wollte uns jetzt fragen was er tun soll. Er hat jetzt da zwei Möglichkeiten, entweder er bleibt jetzt bei der KER und wird im nächsten Jahr Kapitän oder er geht... er verzichtet auf Upgrading so ungefähr und wird ein Jahr später Kopilot auf der Langstrecke. Da reden wir jetzt aber von vom Jahr 2006 oder 2007. Und dann haben wir mal gefragt wie er darauf kommt... Wie kommt er darauf, dass er jetzt irgendwie so einfach auf die Langstrecke und so weiter und so fort, weil nach den Senioritätslisten und ja Tochterfirma und alles gut, aber wir sind ja nicht gemerget. "Na das haben wir so erklärt." Und da sage ich euch wieder.... ähmm... Da gab es immer schon Erwartungshaltungen, wo ich nicht weiß, wie sie dazu kommen. Und es gab natürlich so wie es bei uns Gerüchte gibt, gibts dort auch Gerüchte. Und das mein ich immer so, diese ganze Kaffeesatzleserei... Der hat das aber für ernst genommen. Und es ist jetzt halt immer... Ich mach wieder dieses "Ja wir haben ihnen jetzt alles.. oder Erwartungshaltungen gestohlen." Sie hatten nie mehr Erwartung, als sie können jetzt auf die Fokker 100 als Kapitän, das war ihr oberstes Ziel. Wer jetzt beleidigt ist, weil er nicht weiter aufsteigt, den verstehe ich nicht. Warum ist er dann zur KER gegangen. Verstehst du. Es gibt auch irre viele Leute bei der KER, die jetzt - vor allem am 320er haben wir jetzt schon die überwiegende Mehrheit an Kopiloten von der KERseite - die sagen sehr realitätsnah "Ja eigentlich sitze ich jetzt auf einem Flugzeugmuster, wo ich niemals die Chance gehabt hätte dort hin zu kommen und ich bin zufrieden." Solche gibt es auch. #00:08:54.5#

I: Und was spricht jetzt aus deiner Sicht gegen den Merger by Dare? Wenn man jetzt beide zusammen nimmt. #00:09:01.5#

P: Also aus meiner Sicht, gegen den Merger by Date spricht einfach.... ,dass viele von unserer Seite einfach benachteiligt wären, weil sie dann die Leute die von der anderen Seite kommen dann da dazwischen reinsetzten, wo sie eigentlich nie einen Anspruch gehabt hätten, dass sie dort hin kommen. Das sind unsere Positionen, die wir natürlich schon verteidigen, weil es geht natürlich auch bei uns um Karriere und um Aufstieg und die Chancen sind auch nicht mehr so rosig. Wie gesagt, also dieser Vergleich mit dem Indianern, das war immer so... Du hattest eine gewisse Anzahl an Flugzeugmustern, du hattest deine Senioritätsliste, du hattest Karriereaussichten. Wenn du jetzt von irgendwo außerhalb fremde Faktoren kommen, die das ganze stören, dann stört das dich unmittelbar in deiner Karriereentwicklung. Wie gesagt, ich habe nicht darauf gewartet auf mein Upgrade, ungefähr 17 Jahre und zähle aber noch zu den Glücklichen, weil es gibt Leute vor mir, die haben 20 Jahre darauf gewartet. Und hinter mir wird es wahrscheinlich Leute geben, arme Schweine, die warten länger als 20 Jahre. Je nach dem wie sich halt die Luftfahrt entwickelt. Keine Ahnung. Es gab auf der anderen Seite Leute die sind innerhalb von drei Jahren Kapitän geworden. Wenn du nach 2005 zur KER gegangen bist, oder 2006, irgendsoetwas, hattest du wahrscheinlich auch schon wieder ein Problem, weil dann war der Boom schon wieder vorbei, bist als Kopilot eingestiegen. Sie haben dir zuvor gesagt in "In drei Jahren wirst du Kapitän", aber du bist nie Kapitän geworden. Das sind halt... Gerade in den letzten zehn Jahren ist das fluktuiert bis zum geht nicht mehr. Ja und natürlich ist jeder unmittelbar bei sich selbst betroffen. #00:10:45.2#

I: Das heißt du glaubst schon auch, dass halt jeder ein bisschen auf sich selbst schaut und sagt wenn wir den Merger by Date machen, dann müssen wir als KEA Pilot sagen "Tut mir leid, das geht so nicht, weil dann muss ich meine Aufstiegschancen verzichten. Und ohne die KEA hätte es diese Möglichkeit sowieso nie gegeben, auf Langstrecke oder auf eine größere Maschine zu gehen." #00:11:10.6#

P: Ganz genau. Dann kommt immer das Argument "Bei der PF hat es ja auch funktioniert, da haben wir auch Merger by Date betrieben." Bei der PF war damals... es andere Voraussetzungen. Erstens einmal war die Bereitschaft zu mergen unter den Leuten viel größer. Zweitens hat man dort zwei Flugbetriebe zusammengeführt, die ungefähr gleich groß waren und ungefähr die selben Flugzeugtypen hatten. Also es gab eine ungefähr gleich große Langstreckenflotte auf beiden Seiten. Also wir hatten halt Airbus, die hatten Boeing. Auch eine ungefähr gleich große Mittelstreckenflotte. Und ob da jetzt Airbus 320 oder Booeing 737 fliegst ist auch schon wieder wurst. Und damals hat man einfach gesagt "OK, Merger by Date schaut so aus, wir fädeln die Leute ein nach Eintrittsdatum und lassen aber trotzdem jeden auf seiner Funktion wo er halt jetzt gerade ist." Also wenn du jetzt Langstreckenkapitän warst, dann bist du Langstreckenkapitän geblieben. Wenn du Kurzstreckenkopilot warst, warst du halt Kurzstreckenkopilot. Das hat jetzt so ausgeschaut bei der ganzen Geschichte, dass sehr viele Langstreckenkapitäne von der PF weit hinten in der Liste waren, weil sie eben noch nicht so lange dabei waren. Bei der PF hat es auch tendenziell so ausgeschaut, dass du nach ein bis zwei Jahren Kapitän warst, oder nach drei Jahren und dann gleich einmal auf der Langstrecke warst, weil sie auch noch keine Leute hatten. Die haben auch so eine Boom-Phase hingelegt und dann war lange Zeit wieder Stillstand. Und jetzt hast du eine Senioritätsliste gehabt, wo es sehr viele alte Kopiloten gegeben hat und dann darunter sehr viele neue Kapitäne, so ungefähr. Und das hat wirklich fast zehn Jahre gedauert, bis das ganze sich ausgewachsen hat. Die sind jetzt in dieser Senioritätsliste gerade einmal soweit, dass du sagen kannst "OK, oben sind wieder Kapitäne und unten die Kopiloten." #00:13:05.4#

I: Und bei der KER waren einfach die Grundvoraussetzungen nicht gegeben? #00:13:09.3#

P: Die KER hätten wir damals, zu diesem Zeitpunkt halt einfach gesagt "OK, die schnupfen wir jetzt einfach dazu, aber zu diesem Zeitpunkt 2003 war die KER noch wirklich eine kleine Regional-Airline. Die hatten überwiegend Dash und ein paar Canadair Jets. #00:13:27.4#

I: Und die Fokker sind dann wegen der KEA gekommen und haben euch, wenn man das so sagen kann, sozusagen etwas weggenommen? #00:13:30.8#

P: Zumindest ist unsere Sichtweise so. Also die KER sagt jetzt auch wieder "Ja OK, die MD 80 wäre sowieso ausgeflottet gewesen und wer weiß vielleicht hättet ihr nie ein Nachfolgemodell bekommen." Auch richtig, aber Tatsache ist damals wäre eine KER bei uns nochschwer zu integrieren gewesen, weil es halt ein paar wenige Leute gewesen wären. Man hätte gesagt "OK gut, euch nehmen wir noch mit, was solls." Jetzt sind sie aber fast genau so groß gewesen, zum Jahr 2012, wie Lauda und KEA

78

gemeinsam. Und jetzt kannst du fast nicht mehr, weil du sagst "Ok, wenn wir euch jetzt alle hinzumergen, dann habe ich nie wieder eine Karriere,... dann muss ich irgendwohin." Das war halt einfach der Grund, dass der Betriebsrat sehr wohl die Gefahr gesehen hat, wenn er da jetzt zustimmt oder wenn er das jetzt machen würde, dann hat er auf jeden Fall einen Aufschrei bei dem einen Teil und die haben jetzt halt versucht das ganze "Ok, wir lassen jetzt halt wieder jeden wo er ist und versuchen dann halt das ganze irgendwie anders auszubalancieren." Mit "Na gut, wir versuchen die Leute halt jetzt als Kopiloten auf die 320er Flotte zu bekommen, es wird jetzt dann bald einmal das Angebot geben, dass man Kapitäne von der Dash oder von der Fokker, die sich freiwillig bereit erklären, als Kopiloten auf die Langstrecke lässt"... oder so irgendwie. Du wirst dann wahrscheinlich auch in den nächsten fünf bis zehn, oder 15 Jahren nicht Kapitän werden, aber zumindest sitzt du auf einer Langstreckenflotte und hast von den Arbeitsbedingungen her ganz eine andere Geschichte. Wie gesagt, man versucht halt über Umwege das ganze irgendwie zu erreichen, aber so einmal Klatsch machen, das wird nicht funktionieren, weil dafür ist der Widerstand von unserer Seite zu groß. #00:15:12.1#

I: Ok, gut. Und... na dann wieder zurück zum Betriebsübergang. Jetzt muss ich kurz überlegen... der Betriebsübergang war 2012. Und das ist dann ja eigentlich bis zum EuGH gegangen. Dann hat man gesagt der alte Vertrag wirkt so lange nach bis ein neuer Kollektivvertrag beschlossen wird. #00:15:45.5#

P: Das war unsere Position im Rechtsstreit und der Vorstand hatte aber die Position gehabt "In dem Moment wo der KV gekündigt war ist er halt erloschen." Und das war im Prinzip der Rechtsstreit vorm EuGH. Und ich glaube es ist nur deswegen so schnell gegangen, weil das auch für ganz Europa irgendwo wichtig war, weil da wurde etwas ausgefochten, was uns dann auch erklärt wurde... da schauen schon sehr viele Firmen und auch nicht nur die Airlines drauf was da als Urteil rauskommt, denn wenn das durchgegangen wäre, dann hätte es vermutlich in ganz Europa jetzt schon anders ausgesehen. Und deswegen wurde das ganze sehr beschleunigt behandelt. Weil sonst... uns wurde immer erklärt "Ja wenn du irgendetwas einklagst, richte dich auf zehn Jahre ein oder länger". Und ich meine, dass wir da in zwei Jahren durchhaut ist eigentlich schon... sehr, sehr schnell. Und sie haben es halt so lange probiert so lange sie gekonnt haben. Und da haben sie dann gesehen "OK, gut.." in dem Moment als sie gesehen haben sie verlieren den Rechtsstreit haben sie die Verhandlungen wieder angefangen. Dann hat man sich zum ersten mal wieder ernsthaft an den Tisch gesetzt und gesagt "Gut, ähm.. die Option ist jetzt am Tisch, wir verlieren den Rechtsstreit, wir müssen euch alles zurückzahlen, wir müssen die Leute die gekündigt haben vielleicht sogar wieder aufnehmen," das war damals auch nicht so klar. Wir schauen da jetzt auf Geldbeträge - Ende Nie - und wenn das passiert, dann steht der Konkurs im Raum. Das haben sie dann auch schon so kommuniziert. Und das wurde auch vom Betriebsrat so kommuniziert und gesagt "Wir werden vermutlich den Rechtsstreit gewinnen, wir werden aber nichts davon haben," so ungefähr. Und die Option war halt jetzt "Ok, wir einigen uns, wir machen da jetzt etwas." #00:17:29.8#

I: Weil die Befürchtung da war, dass man ansonsten ganz zusperrt? #00:17:32.8#

P: Genau genau, ja. Die Befürchtung und ich glaube auch die Bedrohung war real, weil einfach... Wenn sie wirklich diesen Rechtsstreit verloren hätten, dann hätten ja die Leute nach der Reihe die Forderungen gestellt was jetzt nicht alles rückabzuwickeln wäre. Ich meine in diesen zweieinhalb Jahren hat es auch schon irre viele sonstige Dinge gegeben. Leute sind von einer Flotte auf die Andere verschoben worden, ähm... Leute haben gekündigt, Leute habe sich woanders vielleicht irgendetwas aufgebaut. Wenn die die gekündigt haben gesagt hätten "Ja aber die Voraussetzungen unter denen wir gekündigt haben sind jetzt nicht mehr gegeben, wir fordern die Wiedereinstellung und ich fordere wieder meinen Platz auf dieser Flotte" und vertreibe somit einen den sie dort eingeschult haben... Das wäre wieder so ein Dominoeffekt gewesen bis ganz unten, das hätte die Firma nicht gestemmt glaube ich. Das wäre dann sicherlich ins Chaos gerutscht. Und man hat sich dann halt wieder in letzter Sekunde auf einen KV geeinigt. Die Verhandlungen waren glaube ich nicht einfach. Und man hat halt dann einen KV schlussendlich... im Dezember 2014 glaube ich war er dann gültig, oder zumindest unterzeichnet und gültig dann erst ein paar Monate später. Auf jeden Fall war das dann auch wieder in letzter Sekunde, dass wir dann halt gesagt haben "OK, wir einigen uns jetzt, wir machen einen KV" und dann wurde die Klage zurückgezogen. #00:19:09.7#

I: Die Klage wurde zurückgezogen von? Wie meinst du das? #00:19:14.0#

P: Es hat einen OGH Entscheid gegeben, ich glaube vom EuGH... #00:19:21.5#

I: Vor dem EuGH habt ja ihr Recht bekommen? Da ging es ja darum, dass der Kollektivvertrag so lange nachwirkt bis ein neuer beschlossen ist. #00:19:30.7#

P: Nein, ich glaube da gab es mehrere Klagen. Es war glaube ich ein Dreierpacket. Wobei ich mir jetzt nicht mehr ganz sicher bin. Einmal haben wir vor dem OGH Recht bekommen, einmal hat der OGH gesagt "Das wird an den EuGH verwiesen". Der EuGH hat das wieder zurücküberwiesen so nach dem Motto "Was ist das für eine Frage, natürlich gilt das so weiter, da brauchen wir gar nicht darüber diskutieren." Der EuGH hat gar keinen Entscheid gemacht, der hat nur zurückgeschrieben so ungefähr "Das ist keines Entscheides würdig" oder so "Natürlich gilt das weiter, da brauchen wir gar nicht darüber diskutieren." Aber wir haben das nicht... Also mein Kenntnisstand ist: Wir haben das nicht bis zum Schluss durchjudiziert, also wir haben kein letztinstanzliches Urteil bekommen, sondern wir haben bevor dieses Urteil dann gefällt wurde, alles zurückgezogen und haben uns dann auf einen Vergleich geeinigt. Also, es gibt keinen letztinstanzlichen Entscheid wo gesagt wurde der Vorstand hat unrecht. Also bevor das war haben wir die Notbremse gezogen. #00:20:26.4#

I: Aber es war klar, dass es zu euren Gunsten ausgehen würde? #00:20:26.4#

P: Richtig, ja. Und bevor dieser Entscheid dagewesen wäre, bevor dieses Urteil dagewesen wäre, das dann natürlich auch exekutiert werden hätte müssen hat man halt gesagt "Gut vergleichen uns, danke und bemühen die Gerichte nicht weiter." So ungefähr, ohne jetzt Jurist zu sein und zu wissen wie das jetzt im Detail aussieht. #00:20:52.6#

I: Aber die Einigung war ja dann - zumindest zeitlich - recht schnell auf dem Tisch. Also zumindest wenn man den Medien glaubt. #00:21:00.7#

P: Sie haben ein halbes Jahr verhandelt, Minimum. Die Verhandlungen gingen eigentlich ab 2012, Juni, permanent hinter verschlossenen Türen weiter. Also man wollte ja immer... Also irgendwann hat die Gegenseite - der Vorstand in dem Fall - gesagt "OK, Unternehmensrichtlinie ist ja schön und gut, aber vielleicht doch nicht das gelbe vom Ei." Und man hat immer wieder, ich würde mal sagen Scheinverhandlungen geführt. Man haut auch einen Mediator bemüht, da gab es dann ein Unternehmen, das hat die Leute halt an einen Tisch gesetzt und hat dann mal weg von klassischen KV-Verhandlungen, jeder soll einmal seine Ziele festlegen und dann man kommt in zwanglosen Gesprächen darauf wo gibt es Überschneidungen, wo nicht. Das ist aber alles gelaufen seit 2012 kann man sagen. Und das war permanent ein Prozess, aber so dass man gesehen hat "OK, jetzt kommt eine Dringlichkeit rein, jetzt wird da ernsthaft weiterverhandelt," das war dann als es beim OGH angefangen hat. Weil vorher hat auch die Gegenseite immer den Standpunkt vertreten "Wir gewinnen das." Das hat ihnen auch die Rechtsabteilung gesagt "Überhaupt kein Problem." Das war dann wurde auch in den Medien so kommuniziert "Nein, wir haben da einen wasserdichten Fall." Und auf einmal war er nicht mehr so wasserdicht. Sie mussten das auch so kommunizieren, sie mussten das auch so argumentieren, weil sie haben... Worum ging es beim Betriebsübergang. Wir haben alle Pensionsansprüche gehabt, die auf dem Papier jeder da liegen gehabt hat, die aber in den Pensionskassa nicht drinnen waren. Da war wieder das Konstrukt so "OK, wir sagen dir rechnerisch du hast Anspruch auf diese und jenes, wenn es absehbar wird, dass du in Pension gehst - so ein bis zwei Jahre vorher - dann wird das Geld auch schlussendlich dann eingezahlt das fehlt und dann wirst du in die Pension entlassen. Aber vorher haben wir das Geld nicht dort liegen, weil es keinen Sinn macht." Oder es war so mehr oder weniger ein zinsloses Darlehen das wir der Firma gegeben haben. Das ist auch so historisch gewachsen, das war so nie wirklich gewollt. Aber irgendwann einmal hat die Pensionskasse nicht mehr so performt wie sie hätte sollen. Und da haben wir dann gesagt "OK, diese Differenz - das war irgendwann in den 90er Jahren, damals hatte man sich darauf geeinigt "Das schießen wir auch dann zu." Und das wurde aber immer mehr und mehr und schlussendlich war es dann schon so viel, dass teilweise bei machen Leuten 50 Prozent und mehr drinnen gefehlt hat. Für das mussten sie Rücklagen bilden. Diese Rücklagen haben sie sofort aufgelöst, als der Betriebsübergang weg war und als wir quasi in die andere Pensionskasse überführt worden sind, weil jetzt gibt es ja diese Regelung nicht mehr, jetzt wird das ganze null und nichtig. Und auf einen Schlag war die Bilanz mehr oder weniger um einiges schwärzer als vorher. So lange sie davon ausgegangen sind, dass unser Rechtsstreit negativ ausgehen wird fürs Personal, so lange konnten sie sich auch leisten diese Rücklagen nicht mehr bilden zu müssen. In dem Moment, wo es wieder geheißen hat "Ja aber vielleicht, eventuell, gewinnen die das doch" war es natürlich auch wieder Compliance, dass sie da wieder Rücklagen bilden mussten. Und das hat ihnen weh getan. Und das war auch mehr oder weniger wieder der Auslöser, dass man gesagt hat "OK, jetzt müssen wir verhandeln, jetzt müssen wir was zum Abschluss bringen, damit wir da wieder Rechtssicherheit haben." Wir haben zweieinhalb Jahre im rechtsfreien Raum gewirtschaftet. Und das war halt nicht so lustig. #00:24:30.1#

I: Und jetzt im neuen KV, wie sieht es da jetzt so aus? Wurden Pensionszahlungen wieder zugestanden? #00:24:38.4#

P: Wir sind jetzt in einer... Nein. Wir sind jetzt in einer neuen Pensionskassa. Vorher hatten wir ein Leistungssystem, jetzt haben wir ein Beitragssystem. Und de facto die Pension die ich vorher hatte, die habe ich jetzt nicht mehr. Ich habe das von der Pensionskasse was mir zusteht bis dahin bekommen zum Betriebsübergang. Das liegt jetzt in der neuen Pensionskassa drinnen und jetzt bekomme ganz genau so meine Beiträge einbezahlt wie jeder normale ASVG Pensionist. Also das ist einfach so. Gehaltstechnisch sieht es auch so aus, dass ich mit meinen Kopilotengehalt als Kapitän fliege, also sie haben uns genauso eingefroren, bei uns gibt es keine Vorrückungen, bis uns eine theoretische.... Gehaltstabelle aus dem neuen KV einholt. Das wird bei mir in den nächsten zehn, 15 Jahren nicht stattfinden, wenn überhaupt. Wir haben jetzt den perversen Fall, - diese 5 Prozent waren sehr interessant die du vorhin erwähnt hast - es gibt Kopiloten auf der Langstrecke, die haben eine Zusatzfunktion, das nennt sich Relief Pilot, das heißt wenn man lange Langstreckenflüge fliegt, dann ist man zu dritt im Cockpit. Ein Kapitän, ein normaler Kopilot und ein sogenannter Relief Pilot, der über 20.000 Fuß Reiseflughöhe sich links hinsetzen darf. Der spielt quasi im Reiseflug Kapitän, während der hinten irgendwo halt sich ausruht und schlafen geht. Der darf dort auf dieser Position weder landen noch starten und sollte irgendetwas grob falsch laufen, dann sollte man auch den Kapitän aufwecken, aber für den Normalbetrieb reicht das. Das macht jede Airline auf der Welt so. Und die Zulage für diese Zusatzfunktion sind fünf Prozent Gehalt. Wenn du jetzt aber als Relief Pilot sagst, zum jetzigen Zeitpunkt, - ich werde jetzt Kapitän auf der Mittelstrecke weil dieses Schema war auch immer so: Du hast angefangen als Kurzstreckenkopilot, Langstreckenkopilot, musstest dann wieder zurück auf die Kurzstrecke als Kapitän und bist dann irgendwann einmal Langstreckenkapitän geworden. Also wenn du jetzt sagt ich bin dran als Kapitän, dann bist du halt nicht mehr Relief Pilot, verlierst diese fünf Prozent und fällst quasi um fünf Prozent Gehalt runter und verdienst weniger als Kapitän, als du vorher als Kopilot verdient hast. Jetzt gibt es auch einige Kopilten bei uns die das Upgrading deshalb abgelehnt haben, weil sie gesagt haben "Das tu ich mir nicht an, mir jetzt es jetzt als Kopilot OK, ich vermisse nichts und wozu..." Dann noch kurz eingeschossen: Eine Langstreckenoperation schaut etwas anders aus, als eine Kurzstreckenoperation. Also auf der Kurzstrecke ist es derzeit: Essen, schlafen, fliegen. Und Langstrecke bist du vielleicht vier mal im Monat im Einsatz, fliegst irgendwo hin, kannst wieder retour und hast drei bis vier Tage frei. Also ich wurde nicht unbedingt sagen gemütlicher, aber etwas planbarer. #00:27:26.2#

I: Eine andere Arbeitsbelastung. #00:27:28.5#

P: Genau. Also... wo war ich stehengeblieben? Ich hab mich schon wieder verzettelt... #00:27:33.1#

I: Die fünf Prozent. #00:27:34.7#

P: Die fünf Prozent. Ja also... der KV den wir jetzt haben, der ist... gemessen an dem was vorher hatten um einiges schlechter, aber es ist wahrscheinlich das geringere Übel. #00:27:48.6#

I: Also würdest du sagen man ist durchaus bereit seinen Teil quasi zu leisten, damit das Unternehmen weiterbestehen kann? Aus seiner Sicht? #00:27:53.1#

P: Ja, also.... man muss auch sagen den KV den wir jetzt haben, der ist unerreichbar günstig in der ganzen GEA Group. Wir sind jetzt mit unserem KV sicher die am billigsten operieren. Sogar diese Neue Billigfluglinie der GEA die Sie jetzt in Wien aufmachen, die ist gleichwertig und in Teilen sogar besser. Also die müssen teilweise sogar mehr Gehalt anbieten, um überhaupt Leute dafür zu bekommen. Also zumindest Cockpitseitig. Also Kabine weiß ich nicht. #00:28:22.5#

I: Also würdest du sagen, dass du eher nicht zufrieden bist mit der jetzigen Situation? #00:28:27.8#

P: Ich würde sagen es war die Wahl zwischen Pest und Cholera. Ähm. Und ich jammere auf hohem Niveau, das auf jeden Fall, das ist mal klar, es geht noch ärger. Aber wenn du in Österreich bleiben möchtest und hier leben möchtest, dann war das die Wahl. Wenn du sagst "OK... das ist mir egal ich gehe zu Emirates oder ich gehe irgendwo anders hin auf der Welt und fliege dort... dann haben auch 120 Leute mit den Füßen gewählt und sind gegangen." Manche haben sich komplett von der Fliegerei verabschiedet. #00:28:56.0#

I: Also andere Optionen als zu sagen "Ich bleibe und nehme das in Kauf" oder "Ich gehe und muss in Kauf nehmen, dass ich vielleicht umziehen muss." #00:29:05.6#

P: Ich muss wahrscheinlich, definitiv umziehen, weil wenn du jetzt irgendwohin gehst auf der Welt. Zurzeit boomt Südostasien, China und der Golf. Das sind deine Optionen die du derzeit als Pilot hast. Wir sind Fachidioten. Das heißt wir haben nur das gelernt und können sonst nichts. Also entweder hast du eine Zusatzfunktion, weil du studieren gegangen bist oder hast zu Hause eine Firma oder sonst irgendetwas. Aber wenn du als Pilot weiterbeschäftigt bleiben möchtest, dann musst du in diese Teile der Welt gehen. Und das ist schon so weit weg, dass sich pendeln nicht auszahlt. #00:29:45.2#

I: Und wenn wir uns die Unternehmenskultur ein bisschen anschauen und vergleichen, GEA und KEA oder KEA und KER. Was würdest du sagen, wo liegen die Unterschiede oder die Veränderungen seit der Übernahme? War es davor vielleicht mitarbeiterorientiert und jetzt ist es eher performanceorient, sprich die Zahlen spielen eine größere Rolle als früher? #00:30:07.5#

P: Wie gesagt, also für mich, nur so für meinen Bereich hat sich sehr wenig verändert. Ich bleibe bei dem Bild mit den Indianern oder mit der Sippe. Also wenn du jetzt von außen auf eine Fluglinie hinschaust, dann siehst du das große Ganze. Wenn du da mal drinnen steckst, dann siehts du nicht mehr das große Ganze, sondern bist du in deinem kleinen Bereich. Das ist halt... für einen Piloten ist das seine Flotte. Also fängt damit an, dass ich auch damals schon Leute die nicht auf meiner Flotte waren... denen bist du vielleicht irgendwo im Crew Cafe begegnet, hattest aber wenig Berührungspunkte. Also ein alter Langstreckenkapitän hat mir mir als jungem Kurstreckenkopiloten ungefähr so viel zu tun gehabt wie... weiß ich nicht... ähm... Such dir etwas aus (lacht). Also sehr wenig Berührungspunkte. Man hat sich gesehen, man hat sich aber nicht gekannt. #00:30:59.5#

I: Also man hat seine Flotte, seine Leute... aber mit dem Rest hat man nicht so wahnsinnig viel Kontakt gehabt. #00:31:06.8#

P: Wenn du jetzt von der Flotte hergehst, da hat sich sehr wenig verändert, weil einfach die Kultur auf einem Einsatzmuster die war halt meistens sehr gleich und ist auch jetzt noch sehr gleich geblieben, da hat sich nicht viel verändert. #00:31:20.8#

I: Der Alltagsbetrieb, die Arbeit an sich ändert sich ja nicht, aber die Umstände ändern sich. Sagen wir beispielsweise das Gehalt hat sich verändert und die Arbeitsbelastung vielleicht auch? #00:31:33.4#

I: Die ist um einiges höher geworden, als früher. Aber für mich geändert... Also es ist jetzt nicht so, dass ich für mich das Gefühl habe "Ich habe einen deutschen Chef vor der Nase", sondern ich bekomme meinen Dienstplan Monat für Monat, den fliege ich herunter Monat für Monat und geh wieder Heim Monat für Monat, bekomme mein Gehalt Monat für Monat... mal mehr mal weniger, egal. Aber es hat sich da nichts... Ich könnte mir vorstellen ohne es zu wissen, dass es jetzt halt Leute gibt die im Büro durchgehen - von Frankfurt - und sagen "Das muss jetzt so sein, das muss jetzt so sein oder das muss so sein." Das haben wir nicht. Diese Berührungspunkte hat vielleicht am ehesten vielleicht die Flottenführung. Also es gibt immer wieder mal ein paar Piloten - pro Flotte - die so ein paar Zusatzaufgaben übernehmen. Also es gibt einen Flottenchef, es gibt einen Cheffluglehrer mit seinen Fluglehrern und es gibt den technischen Piloten, der halt so Maintenance... Und die nenn wir halt Funktionspiloten oder Managementpiloten. Die natürlich haben auch wieder die Schaltstellen nach oben zum Management, beziehungsweise seitlich zu den anderen Flottenführungen, die haben sicher mehr Einblick in das ganze wie ich. Aber als normaler Pilot in dieser Flotte drinnen, sind das deine Ansprechpersonen, wenn du irgendetwas wissen möchtest, die leiten es weiter. Und so ist das ganze halt irgendwie geregelt. #00:32:50.6#

P: Bis auf das Gehalt merkst du also keinen wirklichen Unterschied zu davor? #00:32:52.8#

P: Ganz genau. Man muss auch sagen, das ist gut so, weil das ist auch immer noch so: Wir gehen zwar dort draußen in dieses Flughafengebäude rein, aber wenn dir dort draußen sind und am Flieger sitzen, dann sind wir quasi weg von der Firma. Und machen uns unsere... Wir gestalten uns unser Arbeitsumfeld selber. Und man hat natürlich ein paar Berührungspunkte zu anderen Flotten, man kennt dort vielleicht jemanden, der Nachbar fliegt bei der GEA oder ein Kurskollege ist gegangen uns ist jetzt irgendwo bei der... keine Ahnung, schieß mich tot... Und so wissen wir natürlich auch wie es bei der GEA abläuft, oder glauben es zu wissen. Und generell ist es dort aber nicht anders. Dort ist auch entweder Flotte zu Flotte und rauf dann zum Management... der einzige Unterschied vielleicht: Je größer die Firma ist, desto unpersönlicher wird das Ganze. Also bei GEA habe ich schon öfters gehört "Ich bin die Personalnummer XY, ich fliege mit dem Kapitän XY - den habe ich vorher nie gesehen, den werde ich danach wahrscheinlich nie wieder sehen - und fertig." Speziell auf der Langstrecke. Kurzstrecke ist anders, weil man halt mehrere Flüge hat. Es kann durchaus sein, dass man in der ganzen Crew niemanden kennt. Das kannst du jetzt mögen oder das kannst du nicht mögen. Und je kleiner eine Airline ist, desto eher ist es persönlicher. #00:34:20.7#

I: Und würdest du sagen es hat auch positive Dinge gegeben seit der Übernahme? Hat sich etwas zum positiven hin entwickelt oder haben sich irgendwelche Möglichkeiten ergeben die davor vielleicht nicht gehabt hättest? #00:34:32.9#

P: Naja ich bin jetzt Kapitän, nur aus der Tatsache, dass diese 120 Leute gegangen sind. Da waren zum Großteil alte KEA Kapitäne, zum Großteil. Das hat dann noch zweieinhalb Jahre gedauert bis man die nachbesetzt hat. Dazwischen hat man halt irgendwie weitergewurschtelt und versucht möglichst alle Leute dort auf den Positionen zu belassen... Wenn es nicht anders gegangen ist hat man umgeschult, aber man hat halt das ganze sehr zurückgestellt eben auch aus der Befürchtung heraus man muss alles rückabwickeln. Als es dann klar war, dass wir einen neuen KV haben und dass das ganze vor Gericht jetzt beendet ist, dann hat das ganze Schulungskarussel wirklich angefangen sich zu drehen. Und da sind dann sehr viele Leute halt dazu gekommen. Also wenn die 120 Leute nicht gegangen wären, wäre ich heute noch Langstreckenkopilot. Muss ich aber dazusagen, ich hätte damit auch kein Problem gehabt, denn es war ein sehr schönes Leben. Und den Kapitän habe ich nur desewegen jetzt genommen, aus der persönlichen Meinung heraus: Ich habe keine Ahnung wie lange es mit dieser Firma noch weitergeht und ich bin lieber Kapitän und stell mich damit auf den offenen Arbeitsmarkt irgendwohin, als zu sagen ich habe jetzt 10.000 Stunden als Kopilot, denn das ist genau nichts wert. Also das war meine Hoffnung... Und wie gesagt, wieder jammern auf höchstem Niveau. Es gibt wieder Leute die sind nicht so auf die Butterseite gefallen, das sehe ich schon. Aber gemessen an den Möglichkeiten die uns heutzutage bleiben. Also ich möchte heute nicht neu anfangen müssen in irgendeiner Airline. Das Geschäft wird von Jahr zu Jahr... blöder. Aber auch wieder gesagt, jammern auf hohem Niveau, weil es ist glaube ich es ist in der ganzen Wirtschaft nichts anderes. Egal wo du anfängst, es schaut blöd aus. #00:36:18.9#

I: Jetzt muss ich noch kurz nachschauen, ob ich noch fragen habe. (Pilot lacht).... #00:36:32.8#

I: Gibt es sonst noch Dinge, die du gerne verändern würdest? Was wären denn so deine Wünsche (lacht), damit sich das ganze etwas mehr zum positiven verändert? #00:36:42.5#

P: Ich habe vielleicht ein bisschen so... Sehr, sehr viele Leute haben sich in den letzten zehn Jahren geistig sehr weit von der Firma verabschiedet. Und sind sehr große Freizeitoptimierer geworden, so würde ich dazu sagen. Man versucht nicht mehr all zu viel Energie und Emotion in dieses Unternehmen zu stecken, um dann nicht so enttäuscht zu sein, wenn es nicht so aufgeht. Also wenn du jetzt fragst was wir gestalterisch auf unserer Ebene verändern möchten, dann würden meisten sagen "Weiß ich nicht", weil sie nie darüber nachdenken, weil sie sagen es würde sowieso nichts besser. Wenn ich einen Wunsch ans Christkind hätte, dann würde ich sagen "Jedes Airline-Ticket sollte 1.000€ mehr kosten, wir haben alle wunderbare Bilanzen und können Flieger kaufen ohne Ende und jeder bekommt seine Karriere- fertig." Also... was ich sehe, um ein bisschen einen sozialen Frieden hineinzubringen, das wäre, dass diese Firma expandiert. Das wäre vielleicht mein Wunsch, nur das haben sie uns in den letze zehn Jahren mindestens fünf mal versprochen und es war nie so. Und auch jetzt hat es geheißen "Mit dem neuen KV gibt es wieder eine Expansion." Die hat darin bestanden, dass man uns die fünfte 777 hergestellt hat und die ist geleast. Und jetzt heißt es wir kriegen zwei 320er von der Neuen Billigfluglinie der GEA, die betreiben wir jetzt mit. Das ist für mich keine Expansion. Oder wir bekommen Embraer Flieger, aber drei weniger als wir bis jetzt abgeben an

Fokker oder so irgendwie... Das ist keine Expansion. Die Expansion wird wo anders stattfinden, was auch immer die GEA vorhat, aber ich sehe sie bei uns nicht. Und so lange es zu wenig Knochen gibt, um die sich alle streiten, so lange wird es ewig Streit geben. #00:38:35.1#

I: Gibt es auch sorgen wegen Neuen Billigfluglinie der GEA bei euch? #00:38:37.8#

P: Also ich habe auch aufgehört mir sorgen zu machen. #00:38:41.4#

I: Man versucht sich emotional ein bisschen sich abzukapseln? #00:38:42.6#

P: Was ich generell sehe, oder was ich glaube... Was ich glaube, dass die GEA vor hat - keine Ahnung ob das stimmt - aber die GEA generell plus die Tochterfirmen GEA-Tochter XY und KEA ist größtenteils positiv auf der Langstrecke. Die Kurzstrecke ist schwerst defizitär, weil da diese ganzen Billigairlines oder No Frill Arilines in schwerster Konkurrenz sind. Jetzt hat natürlich die GEA ein Problem: Sie kann nicht einfach alle Leute von Kurztrecke irgendwie aus den Verträgen raushauen und sagen sie macht jetzt auch eine No Frills Airline. Aber genau das wird jetzt mit der Neuen Billigfluglinie der GEA passieren und genau das haben sie vor. Und mittelfristig würde ich es so sehen, dass eine Kurzstrecke der GEA, eine Kurzstrecke GEA-Tochter XY und eine Kurzstrecke KEA verschwinden wird. Es wird eine neue Billigfluglinie der GEA geben und irgendwie werden wir da involviert sein. Und wie das dann im Detail ausschaut, so nach dem Motto "Da werde ich gekündigt, da kriege ich einen Vertrag vorgesetzt" und so irgendwie oder wie das auch immer aussehen wird, ich habe keine Ahnung. Aber ich glaube die generelle Richtung geht in diese Richtung. #00:39:56.4#

I: Das wären dann schon meine Fragen gewesen, das ging ja eh sehr schnell (lacht). Ich danke dir für das Interview. Es war wirklich sehr aufschlussreich und hat wieder mehr Licht in dies Sache gebracht. Besonders, wenn man die Sache mit der Fokker nicht weiß oder wie sie zu ihrer Expansion gekommen sind, dann ist das schon... #00:40:18.4#

P: Wie gesagt, das ist natürlich schwerst gefärbt von meinen persönlichen Erfahrungen. #00:40:24.0#

I: Das sind zwar Meinungen, aber das ist schon OK so. Bei der KER haben sie davon geschwärmt wie gut es ihnen gegangen ist. Sie haben ständig expandiert, die KEA hat immer nur rote Zahlen geschrieben... #00:40:39.5#

P: Dazu könnte ich vielleicht auch noch ganz kurz etwas einwenden. Weil diese Geschichte kenne ich auch. Ähm, dass die KER immer positiv bilanziert hat und immer die großen KEA Mama herausgerissen hat. Da sage dazu: Vorsicht, es ist immer nur eine Sache wie du Sachen in eine Bilanz reinschreibst. Wenn du jetzt - Hausnummer - für ein Ticket 1.000€ verlangst von Peking über Wien nach Klagenfurt. Und dann kostet der Flug Peking - Wien 700€ und Wien - Klagenfurt 300€ und so bilanzierst du es, dann kommt irgendwie etwas falsch rüber. Also ich glaube, nachdem das ja eine 100 Prozent Tochter war und auch irgendwie in dem ganzen Rad drinnen war, dass da sehr viel über solche Sachen gelaufen ist. Es ist auch sehr viel darüber gelaufen, dass die KER immer sehr schlank aufgestellt war und Wasserkopf Verwaltung immer bei der KEA. Nur dieser Wasserkopf Verwaltung hat die gesamte Verwaltungstätigkeit von der KER mitübernommen, oder 90 Prozent von der Verwaltung waren von der KEA mitgestaltet. Also Ticketing... und - schieß mich tot - was es halt alles gibt, lief über die KEA Zentrale und das musste die KER nur zukaufen und das haben sie mehr oder weniger gratis bekommen. Und damit kann man natürlich auch argumentieren "Wir waren immer positiv." Das ist auch wieder so eine Geschichte, aber das ist auch wieder meine Seite. Keine Ahnung ob das stimmt, aber irgendwo dazwischen wird die Wahrheit liegen. Und ja, natürlich die Leute die so Mitte der 90er bis Mitte 2000 zur KER gekommen sind, die haben einen fantastischen Lauf hingelegt. Aber nur deswegen, weil die KER in der Zeit immer gewachsen ist, gewachsen auch aus dem... Wie gesagt dieser Wachstums KV, der war immer noch sehr weit über dem von der KER. Deswegen hat es damals auch diesen Finanz-Chef Kleibl gegeben, der die Idee geboren hat "Wir kaufen die Fokker 100" - denn das ist auf seinem Mist gewachsen - "und schieben sie zur KER, weil dann können wir noch günstiger operieren." In diese Geschichte ist das dann reingewachsen. Ja und irgendwann einmal war halt dann der Boom vorbei und jetzt beginnt es sich zu rächen, dass der Boom so schnell war. Weil du warst halt dann in deiner kurzen Karriere dann halt schon sehr weit. Und auf einmal stehst du vor der großen Wand und jetzt wird sich die nächsten 15, 20 Jahre nichts mehr tun. Dass da viele nicht mit können... Ja. #00:43:18.0#

I: Noch etwas ganze anderes... den Original Stuff Button, kannst du mir noch erzählen wie es dazu gekommen ist? #00:43:28.7#

P: Ja... das war so die Geschichte. Wir haben damals... in der Zeit als der Albrecht schon gesagt hat wir kündigen jetzt den KV, wir machen Bietriebsübergang und so weiter und so fort. Wie gesagt, es gibt auf jeder Seite die Schreier und die Quertreiber. Und da gab es dann halt sehr viele die gesagt haben "Nein mit der KER gehen wir nicht zusammen, das ist unter unserer Würde"... was weiß ich was alles. Und je nachdem wie du den Button gesehen hast: Für mich war das so... ich habe ihn auch nicht getragen, aber das war so... unsere Flieger sollen von uns betrieben werden und nicht von jemand anderen. Das war so: Das ist jetzt meine Karriere und da möchte ich mir jetzt nicht von links oder rechts reinschieben lassen, so ungefähr. So habe ich den Original Stuff Button gesehen. Andere Leute haben ihn vielleicht anders gesehen. So nach den Motto: Wir sind dort nicht gerne gesehen, wir sind eh nichts Wert, bla, bla, bla. Sehr viele Tiroler - und das sage ich jetzt bewusst so - haben auch einen sehr großen Minderwertigkeitskomplex. Eben die Geschichte mit Selektion oder Nicht-Selektion, oder wie auch immer... Wir sind halt bewusst um dieses Thema herum... und haben nicht einmal darüber gesprochen. Ich finde das hat in der heutigen Zeit so keine Berechtigung mehr, weil du bist jetzt in diesem Umfeld drinnen, du bist in diesem Konzern - wie auch immer du dorthin gekommen bist - und es wird in Zukunft noch viel mehr Wege geben in einen solchen Konzern reinzurutschen. Aber du musst dir dann halt auch immer bewusst sein "OK, wenn ich dort das unterschreibe, dann habe ich das unterschrieben und dann habe ich unter Umständen auch kein Recht darauf mehr zu bekommen." #00:45:08.4#

I: Und was glaubst du könnte man machen, damit die beiden Unternehmen besser zusammen finden? #00:45:12.1#

P: Zeit. Und ich glaube es wird sich auch sehr... Es wird einmal... Es gibt wie gesagt auf beiden Seiten ein paar Quertreiber. Die meisten von uns sind inzwischen gegangen, oder in Pension, oder Golden Handshake oder sonst irgendwas. Auf der KER-Seite kenn ich noch ein paar die noch da sind. Solange die da sind... aber gut dann ist es wurscht, dann kommen halt die nächsten... Es wird immer welche geben. Es hat uns damals bei diesem Betriebsübergang bei einem dieser Betriebsversammlungen ein externer Experte, der so für Merger und Kulturen und so weiter zuständig ist einen Vortrag gehalten und der hat gesagt. Er bringt immer dieses Beispiel von der Augenklinik 1 und 2 in Wien im AKH. Da gab es anscheinend zwei Augenkliniken und die wurden zusammengelegt und 20 Jahre später hat es immer noch geheißen "Bist du ein 1er oder ein 2er". Das ist so in den Menschen drinnen und vor allem wie gesagt, wir sind halt so stammeskulturell aufgebaut.

Unternehmen: KER
Position: Kapitän
Datum des Interviews: 13. August 2015
Uhrzeit: 13:00 – 14:22
Dauer: 83 Minuten

K: Interessanter wäre es für dich vielleicht auch vielleicht, wenn ich dir etwas erzähle... ähm.. und zwar der Unterschied zwischen KEA und KER, die zwei Firmen, wie die unterschiedlich entstanden sind. #00:00:14.5#

I: Ja sehr gern. #00:00:16.0#

K: Und warum es nachher aufgrund dieser unterschiedlichen Entwicklung, diese Konflikte gibt. Weil das ist ja eigentlich fast der Kern der Sache ist. #00:00:25.9#

I: Ja gerne. Aber vielleicht fangen wir kurz damit an, dass du mir erzählst wie du Luftfahrt gekommen bist, wie lange du schon dabei bist und ob du davor schon für eine andere Airline gearbeitet hast. Nur ganz kurz. #00:00:38.7#

K: OK. Läuft das schon? #00:00:41.8#

I: Ja. #00:00:41.8#

K: Gut.. ähm. Wie gesagt, ich bin ... ganz, relativ spät zur Luftfahrt gekommen. Ich habe eben zuerst eine HTL Ausbildung gemacht, Tiefbau. Ich bin Bauingenieur, äh habe auch eine musikalische Ausbildung gemacht und erst als ich eine Zeit lang als Bauingenieur gearbeitet habe, hat sich für mich sozusagen das Interesse richtig bestätigt "Das würde mich auch noch interessieren". Zuerst dachte ich mir nicht ich muss unbedingt Verkehrspilot werden,... Linienpilot, sondern mich hat es einfach interessiert, die ganze Materie. Wie passiert das ganze mit der Fliegerei. Habe deshalb in Amerika, nachher selbstfinanziert diese Ausbildung gemacht, bis hin zum Berufspiloten, zum amerikanischen Berufspilotenschein. Bin dann rüber nach Österreich, habe die österreichische Berufspilotenprüfung nochmals gemacht und habe mich dann bei der KER beworben und das hat gleich geklappt. #00:01:43.3#

I: Das war in welchem Jahr? #00:01:43.3#

K: Des war,.. also die Ausbildung habe ich begonnen 1989 und ja im Herbst 89 habe ich die Ausbildung gemacht. Ich habe das ganz schnell gemacht in Amerika. Ich habe genau ein Jahr gebraucht, von meiner ersten Flugstunde bis hin zum KER Simulator in Toronto dann. Was auf den Tag genau in einem Jahr,.. habe ich das gemacht. Normalerweise muss man für eine solche Ausbildung eher 2, eher 3 Jahre rechnen. Weil in Österreich dauert das,... da findet das nicht immer ganz homogen statt, dass man Prüfungen machen kann, sondern da hängt es doch immer von den Prüfern ab wann die Zeit haben, wann da irgendwelche Prüfungen stattfinden, wo man sich dazugesellen kann. #00:02:22.0#
Und deshalb bin ich eigentlich immer bei der KER geblieben. Es war mein einziger... ähm es war von meinem privaten Interesse .. ähhh so, dass ich gesagt habe "Ich möchte eigentlich von Innsbruck aus fliegen, ich möchte in Innsbruck leben, ich habe in Innsbruck meinen Lebensmittelpunkt". KER war die einzige Flugfirma, die es gegeben hat, die von dort aus operiert hat. Ich habe auch noch so einen alten Dienstvertrag, wo ich meinen Dienstort fix in Innsbruck habe. Und seit 91, 1.1.1991, fliege ich für die KER. Zuerst vier Jahre als Kopilot. Und jetzt die weiteren Jahre dann als Kapitän. Flugzeugmuster Dash 8-100, Dash 8-300 und die Dash 8-400. #00:03:07.4#

I: OK. Damit hättest du schon alle meine Fragen beantwortet,... für den Einstieg. Die Positionen haben wir, und für KER hast du dich entschieden, weil dein Lebensmittelpunkt in Innsbruck war? #00:03:18.5#

K: So ist es. #00:03:18.5#

I: Gut, du hast ja gesagt du bist seit 1991 für die KER tätig und ähm.. Kannst du mir was zur Übernahme sagen. Fangen wir einmal an mit der Übernahme von der KEA im Jahr 1994. Und du hast

86

mir im Vorgespräch schon erzählt, dass sich da operativ ein bisschen was verändert für euch, es wurde dann vorgegeben wohin geflogen wird. Magst du mir darüber noch etwas erzählen. #00:03:58.7#

K: Ja. Es ist schon so lang her (lacht). Es hat sich folgendermaßen geändert. Zuerst hat die KER zu 100%, oder fast 100% Swarovski gehört. Und ich glaube 94/95 hat sich dann die KEA dann auch gewisse Aktienteile gesichert. Und darum war immer noch der Mehrheitseigentümer Swarovski. Aber KEA hat da wirklich nur strategisches Interesse gehabt. Und zwar deshalb strategisches Interesse gehabt, weil sie damals die KEA-Regional gehabt hat. Die KEA-Regional war der Regionalableger der KEA. Die sind damals mit fünf Fokker 50 geflogen. Da war eigentlich des Zielgebiet beider Airlines, KER und KEA-Regional, eigentlich ziemlich das gleiche oder hat sich überschnitten. Und ähm .. es ist dann, es ist nachher so gewesen, dass der Swarovski, ich glaube durch seine Scheidung hat er 200 Millionen Schilling oder so gebraucht, weil da seine Frau damals abgelten hat müssen. Jedenfalls war das komischerweise ziemlich deckungsgleich vom Zeitpunkt. Der hat dann KER verkauft. Und ähm, dann hat es geheissen damals es gibt zwei Interessenten an der KER. Einmal die GEA und einmal die KEA. Damals hat man mit beiden verhandelt und letzten Endes, wahrscheinlich aufgrund vom politischen Druck hat dann die KEA das Rennen gemacht. Und die GEA war dann ein bisschen verstimmt, weil sie bisschen mit gezinkten Karten anscheinend damals... was da ganz genau passiert ist.. ich war nicht dabei, aber es hat da irgendwas gegeben. Die GEA war nachher komischerweise eine Zeit lang etwas verschnupft, aber wie gesagt wir sind an die KEA gegangen. Und die KEA hat sich dann sogar im Laufe der Zeit 100% einverleibt. Natürlich hat die sich KEA dann nicht zwei Regionalfluglinien, die den ziemlich gleichen Tätigkeitsbereich gehabt haben, geleistet, sondern hat dann gesagt "OK es wird jetzt die AS, die KEA-Regional, diese Regionaltochter in die KER eingegliedert". #00:06:34.4#
Das war der erste Betriebsübergang sozusagen der stattgefunden hat. Im Laufe der Zeit hat es dann ähm einen weiteren Betriebsübergang gegeben. Und zwar die KEA hat sich auch die Rheintalflug vom Seebacher oder wie der heißt dieser Vorarlberger, ... hat hald eben diese Rheintalflug gehabt und auch der hat dann ... auch der ist es dann wirtschaftlich schlecht gegangen, die KEA hat die auch übernommen. Und auch mit einem Betriebsübergang in die KER eingegliedert. #00:07:17.5#
Und wie gesagt, bis dorthin haben wir eigentlich schon mehrere Betriebsübergänge gehabt.Einen großen Betriebsübergang, oder ganz einen interessanten Betriebsübergang hat es dann 2002 gegeben. Und zwar, (lacht) die KEA sozusagen ist auch damals schon knapp vor dem Konkurs gestanden.. oder ist es sehr schlecht gegangen. Und damals war der Verkehrsminister XY, (lacht). Es ist eben PF, die damals noch XY gehört hat, verdammt schlecht gegangen im Jahr 2002. Dia waren etwa nur 3 bis 4 Monate von einem richtigen Konkurs entfernt. Weil der hat sich sozusagen verspekuliert, schlechte Leasingverträge gehabt... XY und XY waren sehr gute Freunde, die waren beste Freunde das kann man wirklich sagen und der Minister XY hat Lauda dann sozusagen wahrscheinlich einen Gefallen getan und hat gesagt "Weißt du was, die Schmach eines Konkurses werde ich dir ersparen, ich werde die KEA beauftragen - weil die KEA war damals noch Staatsfluglinie - ... sie muss die PF übernehmen. "Ich preise das an als große österreichische Luftfahrtlösung", so nach dem Motto Minus und Minus gibt letzten Ende Plus. Und ähm wir können in der Öffentlichkeit sagen "OK, jetzt gibt es diese Reibereien nicht mehr zwischen KEA und Lauda" die des damals gegeben hat. Wir sind da von der KER eher immer im Schatten gewesen von diesen zwei großen Streitereien und so weiter ... ahm Gehässigkeiten zwischen KEA und Lauda die da immer waren. Und "es gibt diese große österreichische Luftfahrtlösung". Der Minister XY wollte dann damals auch - in dieser großen österreichischen Luftfahrtlösung -, dass die KER da auch noch mit hereinkommt. Ähm.. an und für sich.. wäre dieser Gedanke auch recht interessant gewesen, nur das KER Personal hat sich da sehr sehr gewehrt gegen das. #00:09:23.4#

I: Weshalb? #00:09:23.4#

K: Und auch die KER Geschäftsführung damals. Weshalb? Und zwar, weil man versucht hat diese Betriebsübergänge sozusagen einmal von der PF in die KEA und einmal von der KER in die KEA nicht rechtskonform zu machen. Und zwar es gibt in Österreich, es gibt ja ein Gesetz, das Betriebsübergänge regelt, das AVRAG Gesetz. Und ähm das sagt in einem der ersten Stellen des Gestzes "Im Zuge eines Betriebsübergangs darf keiner Personalkörper schlechter gestellt werden als der andere. Weder die Aufnehmende, noch die die hereingeführt wird". und ähm die KEA Leute haben da immer gewisse ähm Präferenzen gehabt, dass sie gesagt haben "Wir sind etwas besseres, wir wollen nicht gleich behandelt werden, wir wollen bevorzugt behandelt werden". Und die waren immer sehr streikbereit und die Geschäftsführung und selbst die Politik haben immer vor diese *kämpferischen Betriebsrat der KEA Angst gehabt und haben sich einschüchtern lassen. Deshalb ist es so gewesen, dass sie sehr mächtig waren, diese Personalvertretung der KEA Gruppe, und man hat quasi immer versucht sie zu bevorzugen. Aber eben so ein Betriebsübergang laut AVRAG - wie des gesetzeskonform sein soll- darf es keine Bevorzugung geben. Jetzt haben sich die da so ein Modell ausgedacht... ausgearbeitet wie die Vereinheitlichung des Belegschaftskörpers stattfinden könnte. Und da wäre es so gewesen, dass da natürlich zuerst die KEA Leute kommen, dann schon ein bisschen eingegliedert sozusagen werden die Lauda Leute... die Lauda Leute waren für die KEA Leute noch interessanter als die KER Leute, weil die haben große Flieger. Die ganzen kleinen die wollten sie eh nicht haben, weil sie wollten ihre Karrieren immer nur auf den großen Fliegern machen, sprich über 120 Sitzplätze. Was kleines, "das Spielzeug" das haben sie immer verachtet und für sie hald gar kein richtiger Flieger.. oder wie auch immer. Jedenfalls hatten sie da gar kein großes Interesse, darum haben sie eher Zugeständnisse dem Lauda Personal gemacht, damit sie da irgendwie da reinverzahnt werden und wir waren zum Teil eh ganz hinten drangestellt gewesen. Dieses gemeinsame... in der Fliegerei gibts ja diese Senioritätsliste. Du weißt ja was Seniorität ist in der Fliegerei oder soll ich das auch noch erklären? #00:12:01.1#*

I: Es geht nicht ums Alter, sondern darum wann man zum Unternehmen gekommen ist oder? #00:12:06.7#

K: Genau. Derjenige der am längsten in der Firma ist, der bekommt die Senioritätsnummer 1. Der der am kürzesten dabei ist bekommt die Senirititätsnummer.. sagen wir 1000. Natürlich im Laufe seiner Karriere wandert der natürlich immer weiter hinauf, weil oben scheiden sie aus... Pension oder weil die Leute die Firm wechseln und so weiter. Und man rückt hald immer weiter hinauf. Und sämtliche Beförderungen, oder gewisse Ansprüche auf irgendetwas basiert auf dieser Seniorität, auf dem Eintrittsdatum. Ein der länger dabei ist in der Firma, der darf sich als erstes den Urlaub aussuchen, wo noch Fenster frei sind. Natürlich hat der ganz einen freien Plan, wo er seinen Urlaub quasi nach.. schon nach gewissen Restriktionen einteilen darf und das geht dann bis hin zu diesen Billigtickets, wenn beim Flug zum Beispiel nur mehr fünf Plätze frei sind, wo so Billigtickets für unser Personal vergeben werden, dann geht das auch nach Seniorität. Und er kann sich als erstes aussuchen und der mit einer schlechteren Seniorität bleibt mitunter stehen. Die Seniorität gibts deshalb in der Fliegerei - damit du auch den Hintergrund verstehst warum es Seniorität gibt - und zwar damit wir nicht erpressbar sind. Zum Beispiel in jeder anderen Firma zählt eigentlich Leistung. Wenn ich mehr leite für eine Firma, dann wird man sagen "Du wirst neuer Peronalchef" oder " Du steigst auf, du kriegst diese Chance". In der Fliegerei könnte das fatal sein. Wenn ich zum Beispiel eine schlechte Nebelsituation habe. Da haben wir ja ein gewisses Minimum, bis zu dem dürfen wir fliegen ohne was zu sehen. Danach muss ich zumindest ein bisschen was sehen und dann kann ich landen. Wenn ich jetzt sage "Ich überengagiere mich jetzt und fliege da runter, obwohl ich nichts sehe", dann gehe ich ein erhöhtes Risiko ein. Und das will ja die Firma auch nicht. Aber es geht darum, dass ich es nicht im Wissen mache "OK, der Chef wird mir irgendwann auf die Schulter klopfen und mich loben oder schneller befördern". Dadurch hat es gar keinen Sinn ein höheres Risiko einzugehen, weil ich komme nur nach meiner Reihenfolge in der Liste dran. Darum hat das bei uns in der Fliegerei oder generell bei seriösen Fluglinien immer diese Seniorität. Das soll uns einfach auch schützen. Auch wenn ich eine Entscheidung treffe "Ich starte jetzt durch", dann bin ich dadurch geschützt, weil die Firma kann mich nicht einfach raushauen, auch wenn ich jetzt 10 mal durchgestartet bin. Das gibt mir ein gewisse Sicherheit. Ich kann beruhigt meine Entscheidungen rein auf Sicherheit und auch Wirtschaftlichkeit treffen, brauche mich aber nie fürchten um meinen Job. Denn wenn er mich kündigen will, muss er zuerst hinter mir alle kündigen und erst dann kann er mich kündigen. Darum ist die Seniorität bei uns in der Fliegerei ganz etwas immens wichtiges. Das ist quasi die heilige Kuh in der Fliegerei. Und im Zuge dieser Betriebsübergänge muss man ja auf eine einheitliche Liste kommen. Laut AVRAG darf keiner der Personalkörper bevorzugt oder benachteiligt werden. Heißt juristisch diese Listen müssen gemerged werden, zusammengeführt werden, nach dem jeweiligen Eintrittsdatum in die jeweilige Firma, dann ist das fair. #00:15:31.5#
Wie gesagt, das wollen ja KEA Leute nicht, weil sie sagen "Wir sind etwas besseres". Wenn die jetzt solche Forderungen haben, die nicht gesetzeskonform sind, ist das natürlich ein heikles Thema. Wie gesagt, damals als die PF übernommen worden ist und auch die KER eingegliedert wurde, haben wir uns gewehrt, weil wir gesagt haben "der KEA geht es so schlecht, der Lauda geht es so schlecht, nur der KER geht es gut, warum sollen wir jetzt nach hinten drangereiht werden, wenn das Potential hoch ist, dass wir sie Personal abbauen müssen, weil das alles neu strukturiert werden muss"? Und wen trifft es? Die Leute immer erfolgreich gearbeitet haben. Also da wollen wir nicht mitmachen. Da hat es dann wirklich Bestrebungen von unserem Personal gegeben und auch von unserer Geschäftsführung,

das wir gesagt haben "Wir wollen da gar nicht hinein". Dann war auf einmal für die KEA Leute sozusagen... die Karten neu gemischt, die haben gesehen "es gibt nicht nur Bestrebungen, sondern die müssen froh sein wenn sie jetzt noch Pilotenschaft dazu bekommen, so dass sie sich dann vielleicht gemeinsam sammeln und sanieren können". Und waren dann schon relativ froh, dass die Lauda nicht auch noch abgesprungen ist und gesagt haben "nein wir wollen nicht". Nur die Lauda Leute hatten nicht viele Möglichkeiten, weil haben gewusst "ein halbes Jahr länger und es gibt sie auch nicht mehr". Und die haben dann ihr Heil in der KEA gesucht, als dass sie das Rückgrat gehabt haben "wir machen da auch nicht mit". Also da war deswegen eher ein einvernehmen da, aber das KEA Personal hat gesagt damit wir sie überhaupt auch an Land bekommen sichern wir uns die Flugzeuge, denn es hat auch im Hintergrund kleine Bestrebungen gegeben, dass die Lauda und die KER zusammengehen. Das hätte dann die KEA Pilotenschaft unter irrsinnigen Druck gebracht. Auf einmal hätte die KER mit der Lauda zusammen Langstrecke, Kurz- und Mittelstrecke gehabt und somit alles abgedeckt. Die KEA hätte nur Mittel- und Langstrecke gehabt. Wir waren vor allem von unserer Kostenstruktur her immer so weit unter ihren gewesen (lacht) ... das wäre irgendwie zur Unterwanderung der KEA selber gekommen. Und das hat eben die KEA Leute nervös gemacht. Und sie haben gesagt "OK, jetzt machen wir den Merger nur mit der PF und denen gestehen wir es zu, dass es gesetzeskonform gemacht wird, dass der merger by date kommt." Die zwei haben dann den merger by date, bei jeweiligen Eintrittsdatum durchgeführt. #00:18:11.0#

I: Das heißt, das war bei denen unter Anführungszeichen eh alles fair? #00:18:11.0#

K: Das ist dann alles fair, nur akzeptiert hat man sie nie. #00:18:16.9#

I: Also in der Belegschaft? #00:18:19.1#

K: In der Belegschaft hat man immer nur gemeint "wir sind ja die besseren, ihr seids die von der Konkursfirma". Damit ich dir, ich weiß jetzt nicht, ob ich das jetzt in diesem Zuge machen soll. Darum hätte ich damit fast am liebsten angefangen. Die unterschiedlichen Entwicklungen der Firma... ich weiß nicht, ob es dir jetzt reinpasst? #00:18:46.2#

I: Gerne. #00:18:46.2#

K: Und zwar... Nachkriegszeit. In der Nachkriegszeit, da hat die Linienfliegerei erstmals angefangen... die deutsche GEA oder die KEA dann nachher in den 50ern und 60ern. Das war ja eine Zeit kannst du dir gar nicht vorstellen, ich auch nicht (lacht), ich kenn es auch nur aus Erzählungen wiedergeben wie das damals war. Damals... ein Flugzeug, das war ja nicht so etwas selbstverständliches wie heute, sondern damals war so ein Verkehrsflugzeug.. da sind die Leute noch am Boden gestanden und haben dem Flugzeug nachgeschaut. Und das war ein halbes Weltwunder, dass so ein Flugzeug sich in die Luft bewegt und fliegen kann und sicher von A nach B fliegen kann und dann wieder landen kann. Denen war es sogar wurscht, wenn die zur hälfte der Zeit nicht dort landen konnten wo sie wollten, weil das Wetter zu schlecht war. Damals hat man ja nur unter Sichtbedingungen fliegen können. Für die war das ja schon ein Wunder, wenn so ein riesen Gerät überhaupt fliegen kann. Und diese Leute, das waren ja in Österreich eine Hand voll Leute, vielleicht 10 oder 20 Piloten oder so, Linienpiloten, die das konnten. Das war.. da hat es nicht tausende gegeben. Und in Europa oder auf der Welt nicht hundertausende. Auf der Welt hat es nur 10 oder 20 Leute gegeben, die befähigt waren so einen riesen Vogel von A nach B zu fliegen. Und das waren natürlich die Helden. Das waren von der Bevölkerung war das ganz ein angesehener Berufsstand, weil die etwas gemacht haben, dass die Leute nur gestaunt haben, etwas Unbegreifliches. Gerade so eine staatliche Fluglinie, die ist ja auch immer von ÖVP Seite und SPÖ Vorständen besetzt worden. Die Vorstände haben ja mit der Fliegerei nichts zu tun gehabt. Erstens war das alles noch in den Kinderschuhen und zweitens ist das einfach nur politisch bestellt worden. Das waren vielleicht Kaufmänner (lacht), die kaufmännische Erfahrung hatten und den Laden dementsprechend... aber von Fliegerei haben sie alle nichts verstanden. Diese Vorstände sind am Boden gestanden und haben dem Flieger mit offenem Mund zugeschaut. Was die Piloten damals gesagt haben... die haben das geglaubt. Sie haben es sich gar nicht hinterfragen können. Da hat es kein Internet gegeben und mal schnell gegoogelt. Das gab es damals alles nicht und das war dann alles Insiderwissen. Und es war auch in der Nachkriegszeit so, dass jeder kleine Staat, egal wie klein er war, Österreich auch, jeder Staat hat gemeint er braucht eine Staatsfluglinie, einfach .. wenn der Bundespräsident und die Wirtschaftsleute irgendwohin auf Staatsbesuch, dann landen wir mit der eigenen Fluglinie. Das macht schon was, gerade in der Nachkriegszeit, wo alle sehr vom Krieg gezeichnet waren und so weiter. Da hat das schon das Selbstbewusstsein gesteigert. Und *da haben sich auch viele Österreicher damit identifiziert, weil das ist ja alles immer im Fernsehen und in den Nachrichten gekommen. Die KEA hat nie unter dem Gesichtspunkt wirtschaften müssen, dass man sagt am Schluss muss da eine schwarze Zahl dabei rauskommen. Am Ende des Jahres haben sie gesagt "Ja es ist hald schon wieder eine rote Zahl". Der Finanzminister hat hald den Zeigefinger gehoben und gesagt "Ja... jetzt strengt euch nächstes Jahr ein bisschen besser an, jetzt gleich ich das wieder aus und dann fangen wir wieder bei Null an, macht es hald besser". Aber jeder war froh, dass man so eine staatliche Fluglinie hat und der Staat war auch bereit sich das etwas kosten zu lassen.Und der wirtschaftliche Hintergedanke war nie irgendwie zwingend, dass man man da so agieren hätte müssen, dass man sagt "es muss einen wirtschaftlichen Erfolg haben". Und so haben sich hald diese Staatslinien entwickelt. #00:22:41.2#*

Die Piloten haben da drinnen eine irrsinnige Macht gehabt, weil wenn die gesagt haben, wenn der Bundeskanzler oder irgendein Entscheidungsträger vom der parteinahen Vorstand sozusagen gesagt hat "Wir müssen jetzt nach Israel fliegen, weil der Herr Kreisky gute Beziehungen zu den Palästinensern oder dort irgendwohin hat", dann haben die Piloten gesagt "wenn wir das fliegen sollen, dann brauchen wir mindestens eine DC-9 oder mit diesem oder jenem Airbus oder wie auch immer". Da haben die Piloten gesagt welcher Flieger dafür gekauft wird. Und die anderen haben das nicht einmal irgendwie richtig verstehen können, nach welchen Gesichtspunkten,... weil die Piloten haben von der Performance, von der Leistung, Reichweite ... die Reichweite hätten die sich vielleicht auch noch ausrechnen können, aber die haben sich nicht getraut den Piloten zu widersprechen. #00:23:38.4#

I: Also hatten sie eine große Macht im Unternehmen? #00:23:38.4#

K: Ganz genau. Weil das einfach daraus entstanden ist, dass es nur ganz wenige waren. Das war so eine Clique, ein eingeschworener Haufen sozusagen. Und die haben dann bestimmt "Das machen wir oder das machen wir nicht". Die Piloten haben sozusagen nicht nur wirtschaftliche Entscheidungen mitentschieden oder vor allem entschieden, ... die haben natürlich auch bei den Kollektivverträgen gesagt "Wir müssen unbedingt das und das verdienen, diese Ruhezeiten haben und so viel Urlaub haben, unbedingt diese Pensionskassa und nach 55 Jahren darf man sowieso nicht mehr fliegen, weil es zu gefährlich ist". Und der Vorstand hört "gefährlich, na dann selbstverständlich". Damals hat man ja nicht gewusst, man konnte noch nicht googeln "medizinische Untersuchungen, Lebenserwartung der Piloten usw.", sondern er musste ihnen einfach glauben. Und deshalb sind bei diesen staatlichen Fluglinien Kollektivverträge entstanden (lacht), die natürlich jenseits von Gut und Böse waren und eben auch nicht wirtschaftlich darstellbar waren. #00:24:38.9#

Aber da hat es eben... ähm die KER gegeben und die KER ist ja nicht aus einer Staatsfluglinie enstanden, sondern da hat ein Wirtschaftstreibender, Swarovsky, hat eben gesagt "Ich mache das, ich finde das ein gutes Projekt, ich investiere mein eigenes Geld da hinein und da muss am Ende eine positive Zahl herauskommen". Und dementsprechend ist da auch gewirtschaftet worden. Da wurden ganz andere Gehälter in den Kollektivverträgen entstanden, als in den Staatsairlines. Weil da am Schluss eine schwarze Zahl dabei rauskommen musste. Das ist soweit nebeneinander ja schon gut gegangen... ähm das einzige sozusagen (lacht)... mit der Zeit ... ja da müssen wir zuerst noch etwas anderes sagen. #00:25:24.8#

Es hat ja nachher den EU Beitritt gegeben von Österreich in die Europäische Union. Und die Europäische Union hat irgendwann gleich nach dem EU Betritt Österreichs gesagt "So, Schluss jetzt mit allen Staatsfluglinien in Österreich, es dürfen die Staatsfluglinien nicht mehr subventioniert werden, weil das ist Wettbewerbsverzerrung". Und die europäische Union hat auf einmal gesagt "Stopp". Und das hat natürlich den Staatsfluglinien irrsinnig zu schaffen gemacht. Erstens einmal sozusagen muss jetzt auf einmal wirtschaftlich operiert werden und die hatten aber alle Kollektivverträge mit denen das nicht möglich war. Die sind sozusagen in eine Zwangsjacke gesteckt worden, durch diesen EU Beitritt, mit dieser Entscheidung der Europäischen Union wo sie nicht mehr herausgekommen sind. Das war ein Ding der Unmöglichkeit. Jetzt haben sie dann viele viele ... da hat es nachher viele Veränderungen gegeben. Auf einmal sind in den Vorstand der Staatsfluglinien, speziell auch bei der KEA, Leute gekommen... früher waren das (???), der eine ist schwarz, der andere ist rot und so weiter, aber auf einmal ist da ein Herr Sörensen gekommen. Und der Sörensen hat auf einmal etwas verstanden von der Fliegerei. Der war vielleicht selbst Pilot, der hat bereits in einer Airline gearbeitet, der hat genaue Zahlen gehabt, der hat genau auf einmal ähm einen gewissen Wissensstand gehabt, wo man nicht mehr von der Pilotenvertretung gesagt bekommen hat "wir müssen das so machen, sonst ist es unsicher". Du hast auch sagen können sozusagen "Nein so geht es nicht, wir müssen es anders machen". Da hat es diesbezüglich ein Wechsel stattgefunden, dass mehr Kompetenz in die Führungsebene gekommen ist und es ist dann auch der Druck gewachsen hin

auf die Personalvertreter von diesen Staatsfluglinien, von den KEA Piloten. Man hat auf einmal gesagt "Da hackt es! Wir haben da drüben beispielsweise eine KER und die macht genau die gleiche Arbeit, aber um die Hälfte. Wieso können die das machen, ohne dass das unsafe ist und ihr nicht?" Auf einmal sind die KEA Piloten in Argumentationsnot geraten. Sie haben es jetzt folgendermaßen versucht zu argumentieren "Sie sind ja sowieso nicht so gut wie wir. Also so sicher sind die nicht". Sie haben es aber nicht belegen können. Wir haben nie, wie ich gesagt habe, irgendeinen loss oder einen großen Schaden oder irgendetwas gehabt. Bei uns sind auch Leute gestorben an Bord, aber die hatten einen Herzinfarkt oder etwas medizinisches, aber nicht weil weil der irgendwo hintergestürzt ist oder es irgendeinen Unfall gegeben hat. Aber wir haben immer schwarze Zahlen geschrieben, wir haben immer sicher operiert. Wir haben die besten Preise bekommen, weltweit ausgezeichnet worden als beste Regionalfluglinie der Welt und so weiter. Und einmal den zweiten Platz gemacht, also wir waren immer bei den Audits der GEA, wenn die GEA unseren ganzen Flugbetrieb überprüft hat, haben wir immer keine Findings gehabt, oder höchstens nur ein, zwei Findings gehabt. Also immer deutlich weniger als bei der KEA und so weiter. Also sie haben zwar keine Argumente gehabt, aber sie haben einfach mal generell gesagt "So gut sind sie ja nicht, wir sind ja viel die besseren". Jetzt haben sie aber trotzdem ihr höheres Gehalt und ihren höheren Kollektivvertrag haben sie jetzt mal rechtfertigen müssen. Jetzt haben sie ... die Pilotenlizenzen von einem KEA Piloten und von mir sind absolut ident, da steht nur einmal der Name drinnen und einmal der Name meiner. Aber wir beide haben eine Pilotenlizenz die erlaubt uns das Gleiche. Ich darf mit meiner Pilotenlizenz - also in der Zwischenzeit ist das eine europäische Fluglizenz die gilt ... also ist die gleiche Fluglizenz wie sie in Dänemark, Schweden und so weiter ausgestellt wird - und diese Fluglizenzen erlauben uns, jedes Verkehrsflugzeug auf der Welt zu fliegen. Also vom ganz kleinen Flugzeug bis 380er Airbus, darf ich von meiner Lizenz aus fliegen. Das Ministerium, unsere oberste Zivilfahrtbehörde, erlaubt mir oder sagt "Der Herr Valent hat uns einmal gezeigt in seinen Prüfungen, Berufspilotenprüfungen, dass er das kann und er darf das fliegen". Ich muss genau wie jeder andere Pilot zwar noch auf den Typ kurz eingeschult werden. Das dauert ich würde einmal sagen von ein bis drei Monaten. Und dann flieg ich das ganz normal wie jeder andere Pilot auch. Genau das gleiche muss aber auch der KEA Pilot machen. Der muss ... kann jedes Verkehrsflugzeug fliegen, muss aber auch eine Typenausbildung machen auf seinen Typen. Das heißt wir haben beide genau die gleiche Lizenz. Jetzt hat er die Schwierigkeit gehabt "Wieso soll er für die gleiche Arbeit mit seiner Lizenz, so viel mehr verdienen als wie ich mit meiner Lizenz, obwohl er die gleiche Arbeit macht". #00:30:18.2#
Und jetzt ist ihm eingefallen "Er hat die bessere Selektion". Und zwar immer wenn jemand sozusagen in eine Airline einsteigt sozusagen, kommt es zu einer Selektion. Die Firma schaut sich die einmal an... zuerst einmal schaut sie mal deine Vergangenheit an, deine fliegerische Vergangenheit, deine Ausbildung und so weiter. Dann schauen sie dich medizinisch an, dann musst du gewisse Aufnahmeprüfungen machen. Das fangt an mit einem Intelligenztest bis Reaktionstests und so weiter ähm... psychologische Untersuchungen musst du durchlaufen. #00:30:55.2#

I: Das findet alles nach der eigentlichen Ausbildung zum Piloten statt? #00:30:58.6#

K: Genau. Du hast die Pilotenausbildung gemacht und wenn du dich für eine Pilotenfirma interessierst, dann machst du diese Selektion. Dann wirst du bei der Firma genommen oder nicht. Das heißt nicht, dass du nicht fähig bist -wenn du abgelehnt wirst - Verkehrsflugzeuge zu fliegen, du passt hald nicht genau in dieses Team. Da schaut man auch, ob du in das Team passt und wo weiter und so fort. Das nennt man eben Selektion. Und diese Selektion haben sie auf einmal gesagt "Ja wir haben ja viel die bessere Selektion, viel die strengere Selektion. Wir sind quasi deshalb die besseren". Ähm diesbezüglich möchte ich auch noch, weil es jetzt schon ein bisschen ausschweift, aber trotzdem ist es wichtig möchte ich es sagen. Die KEA Leute sagen natürlich "Wir haben die beste Selektion". Wenn du jetzt mit GEA Leuten, mit DLR redest sagen die "Nein, nein, wir haben die beste Selektion". Wenn du mit Air France redest "Messieurs unsere Selektion ist ja noch viel besser". Wenn du mit KLM Piloten redest dann heißt es "Königliche Luftfahrtschule Niederlande, wir sind königlich..." Jeder meint er hat die beste Selektion. Ich finde es richtig, dass eine Firma eine Selektion macht. Ganz grob, aber nur eigentlich um zu schauen "passt dieser Mensch in dieses Team hinein das ich da habe oder nicht". Oder hat der vielleicht irgendwelche Defizite oder irgendwo... und sagen wir so, genau in so einem Dings, wenn einer... Der kriegt ja ein Type Rating. Ein Type Rating kostet viel Geld. Wenn du da ausgebildet wirst auf diese Type, des kostet in der Größenordnung zwischen 30.000€ bis 100.000€ oder so. Das bekommst du mal von der Firma, das musst ja du nicht zahlen. Und bevor die Firma so viel Geld in dich investiert, schaut sie einfach "Bist du knapp dran oder der Sehstärke, und du bist knapp dran und bekommst kein Medical mehr". Darum ist es ja gut, wenn man eine gewisse Selektion macht. Aber alles darauf aufzubauen und zu sagen "Das ist besser, das ist schlechter", das halte ich

für Humbug. Und zwar deshalb... man kann es sich an diesem Germanwings Piloten anschauen. Der hat... es heißt sozusagen in Luftfahrtkreisen, dieser DLR, diese GEA Selektion der Firma DLR das ist die höchstwertigste Selektion. Und alle GEA Piloten sagen wir haben die strengste Selektion, weil sie natürlich auch hohe Durchfallsraten haben. Dort bewerben sich natürlich auch am meisten. Natürlich brauchen sie nicht viele und darum vielen hald auch dementsprechend viele durch. Nur zum Beispiel, angenommen der Carsten Spohr, der GEA Vorstand, geht jetzt hin zur Firma DLR und sagt "Was hast du uns da für einen Herren da ins Cockpit hineinselektiert? Ich habe dich damit beauftragt, dass du die Selektion für mich machst. Für jede Selektion kassierst du 5000 Euro von mir. Das heißt du hast die Verantwortung für diese Selektion. Ich fordere jetzt von dir Schadenersatz". Dann sagt die Firma DLR "Nein, damit habe ich jetzt nichts mehr zu tun". Veantwortung übernehmen diese Selektionsfirmen überhaupt keine. Die kassieren nur und sagen "Du bist geeignet und du bist nicht geeignet". Aber die Verantwortung zu übernehmen und zu sagen ... "wenn ich euch die ausselektiere, dann habt ihr da Spitzenleute dort" nicht einmal diese Verantwortung... Und so viel Wert ist das dann auch. Es ist das Gleiche wenn du beim Spar einkaufen gehst, die werden kein gutes Haar lassen am Billa und über seine Produkte. Und der vom Billa wird nichts gutes über den Lidl, Hofer und sonst irgendwen etwas gutes sagen. Darum... das ist alles so ein bisschen ein Konstrukt sozusagen.
#00:34:52.2#

- neues Band - #00:01:30.1#

K: Die Argumentation da sind die KEA Piloten, - jetzt kommen wir wieder zurück - sie haben es so versucht zu argumentieren "Wir haben die höchstwertige Selektion, das berechtigt uns auch höhere Ansprüche in der Bezahlung zu haben und so weiter". Aber das ist immer mehr abgebröselt. Und die Chefs, die jetzt schön langsam etwas verstanden haben von der Fliegerei, Herr Sörensen und so weiter, die haben jetzt immer mehr Produktion von der KEA hin zur Tochter, zur KER, gebracht. Das heißt bei der KER erfahren wir Expansion, da ist immer Expansion gewesen. Komischerweise bei der KEA, man hat sich nicht getraut weil sie sehr kampfbereit waren. Natürlich zuerst mal die Leute zu halbieren und die rauszuschmeißen. Weil... es ist ja schwierig mit dem Senioritätsprinzip, wenn ich da jetzt die halben Leute rausschmeisse, da bleiben mir nur mehr Kapitäne übrig. Weil die jungen Leute, die Kopiloten sind, wenn ich die rausschmeisse... das sind eh die günstigsten. Ich will ja eigentlich die oberen weg haben. Darum kann ich nur hoffen, dass die so langsam aussterben. Ich kann da nur schauen, dass der sich natürlich verkleinert... #00:01:11.9#

I: Oder mit Golden Handshakes? #00:01:11.9#

K: Oder mir Golden Handshakes und solchen Sachen, sodass ich sie los werde. Und so hat man das versucht. Aber die Produktion hat man immer versucht bei der KER zu machen. #00:01:25.5#

I: Redest du jetzt aber von der Zeit wo es die GEA noch nicht gab? #00:01:30.4#

K: Da rede ich noch von der Zeit wo es die GEA noch nicht gab. Also Betriebsübergang 2002, wo die Lauda und KEA sozusagen zusammengekommen sind und die KER abseits sozusagen, da nicht mitgemacht hat. Da haben wir unsere Chance auch gesehen "OK, die werden immer mehr Produktion zu uns verlagern, weil wir niedrigere Produktionskosten haben". Dafür haben warst du dann gleich mal Kapitän. Bei uns hast du nicht 10 Jahre warten müssen bis du Kapitän geworden bist, sondern nur 5 Jahre. Und da machst du einen großen Gehaltssprung. Und viele von uns haben einfach gesagt "Das passt mir, ich muss nicht unbedingt in diesem bröckelnden Kollektivvertrag drinnen sein, der wahrscheinlich eh nicht mehr lange zu halten ist, sondern ich bin lieber dort (KER), habe meine Aufstiegschancen und bin in einer gesunden Firma." #00:02:24.2#
Das war aber immer den KEA Piloten natürlich ein Dorn im Auge. Sie sind jetzt nur noch dagesessen... Sie haben ja nicht viel machen können. Man hat sie nicht gekündigt, man hat sie einfach arbeiten lassen, aber Expansion hat es keine mehr gegeben. Die Kopiloten sind immer am Kopilotensitz sozusagen schwarz geworden und haben nie eine Aufstiegschance gehabt und haben gesehen da drüben (bei KER) bekommen sie die neuen Flieger, die kriegen dieses und jenes, da passiert etwas, da findet Karriere statt. Und das hat natürlich den Neid angestachelt. Die sind uns dann um alles neidisch geworden (lacht). Wobei sie hätten jederzeit sagen können "Ich kündige dort und ich geh zu denen". Wir haben damals so viele Leute gebraucht, wir hätten alle sozusagen gerne

genommen. Aber sie haben gesagt "Nein, ich bin KEA mit der Wald und Wiesen Airline will ich nichts zu tun haben" #00:03:16.2#

I: Also da hat es eine Arroganz irgendwie gegeben? #00:03:19.0#

K: So ist es. Man hat denen... du musst bedenken, wie ich es zuerst beschrieben habe. Zuerst hat es diese Piloten in der Nachkriegszeit gegeben. Das waren 20, das war die Elite. Und dieses Elitedenken haben sie weitergegeben. #00:03:35.4#

I: Das hat sich fortgesetzt? #00:03:35.9#

K: Ja ganz genau. Das hat sich fortgesetzt. Immer wenn da ein Neuer hereingekommen ist in die Firma und meistens eh Leute die vom täglichen wirtschaftlichen Leben noch nie etwas zu tun gehabt haben, weil sie aus einer elitären gesellschaftlichen Schicht kommen. Weil der Papa hat ihm die Pilotenausbildung finanziert und der hat schon darauf geschaut, dass er gleich nach der Matura oder was weiß ich ich dort gleich hineinkommt... der hat noch nie irgendetwas richtiges wo anders arbeiten müssen. Wo er sagen hätte müssen "Mit 1000€ muss ich auch mal auskommen". Das hat es für den nie gegeben. Darum hat der eine gewisse weltfremde Betrachtungsweise. Und dieser elitäre Zirkel dort drinnen hat das ganze noch gefördert. Der hat gesagt "Dass das gleich klar ist, bevor du da drüben das erste mal rechts Platz nimmst", hat der schon nachbeten müssen "Wir sind die besten". Es ist traurig, aber es ist so. Wenn der das nicht getan hätte, dann hätte der ein schlechtes Leben gehabt. Spätestens nach einer Woche hätte der das nachgebetet, weil die wären im schon auf die Füße gestanden. Aber das hat natürlich so eine Eigendynamik die sich gehalten hat bis heute. Dass sie immer noch meinen "wir sind einfach etwas besseres". Das bringst du auch gar nicht einfach heraus, dass sich das - unter Anführungszeichen -vererbt. Ich wüsste nicht wie man das herausbringt. Aber unter diesem Horizont muss das ganze, die Spannungen quasi, da sehen. Und ähm bei uns... wir waren ja zu KERs bester Zeit größer als die KEA, rein vom Dings her. Die KEA hat nur mehr Kabinenpersonal gehabt, aber Piloten waren wir mehr, als die KEA Piloten. Aber in der Kabine brauchst du auf Langstrecke sieben Leute hinten drinnen, bei uns reichen zwei. Darum ist da Personal auf Kurz- und Mittelstrecke immer viel weniger, als wie auf der Langstrecke. Wir haben sogar mehr Flieger gehabt als die KEA, wir haben mehr Produktion gehabt als die KEA. Wir haben 60 Prozent der Produktion, der gesamten KEA hat die KER gemacht. Also wir waren größer als die Dings, und deswegen war der Sörensen ein sehr guter Manager in meinen Augen. Der hat sozusagen immer mehr Produktion der KER rübergegeben. Bis die sort drüben das überrissen haben (lacht), da waren wir schon gleich groß. Und dadurch ist auch diese Feindschaft quasi entstanden, weil sie gesagt haben "Wir haben sie unterwandert". Die haben immer quasi den Feind nur in der Gruppe gesehen, sprich KEA Gruppe, KER, KEA und so weiter. Dass wenn wir eine gewisse Expansion - wir sind ja viel dann in den Osten hinüber geflogen, Ukraine und überall... Wien war ja ein Hub für den Osten - das hat vor allem die KER gestärkt. #00:06:32.3#

I: Das war gar nicht die KEA selber die das durchgeführt hat? #00:06:33.6#

K: Das haben zu 80 Prozent... haben wir das alles gestemmt. Die ganzen ... Lemberg und das Zeug ist alles KER geflogen. Also wir haben genau diese... und wenn wir es nicht geflogen wären, dann wäre es eben Air Berlin geflogen, Airline XY oder die Ryanair geflogen... Nur die KEA Leute sehen quasi den Verräter in der KER anstatt, dass sie sagen "Gott sei Dank haben es die eigenen Leute noch gemacht, ich gönne ihnen das, bevor es eine fremde Firma gemacht hätte, die man dann nicht mehr einfach hinausbringt oder nur mit ganz großem Aufwand" - wie man jetzt sieht mit Eurowings. Und wie gesagt, ganz fokussiert nur auf "die KER sind die schlechten und und und das ist der Feind und so weiter". #00:07:21.7#

I: Das hat also einen geschichtlichen Hintergrund das ganze. #00:07:21.7#

K: Genau. Das gleiche auch damals passiert 2002, als die PF damals hereingekommen ist. Denen hat man dann zwar zugestehen müssen, dass es dann AVRAG - konform passiert, mit merger by date. Aber sie waren immer... dieses Elitedenken ist nicht herausgegangen. Und diese Gräben sind heute noch da. #00:07:42.4#

I: Auch noch zu spüren würdest du sagen? #00:07:43.2#

K: Ja, ja! #00:07:46.4#

I: Wie zeigt sich das? #00:07:46.5#

K: Wie zeigt sich sowas? Ähm. Ganz einfach, dass zum Beispiel bei Simulator-Checks und so weiter, komischerweise auffällig ist, da gibt es ein paar Hardliner Fluglehrer die den Check abnehmen und komischerweise fliegen bei dem hald immer nur Lauda Leute durch, oder ehemalige Lauda Leute durch. Das ist statistisch nicht darstellbar, warum das so ist. Da gibts einfach solche... oder einfach auch in so Internetforen, die es im Hintergrund gibt, da werden Gräben immer weiter ausgehoben. #00:08:27.9#*
Ja und dann kommen wir zu 2008/2009 wo die GEA eingestiegen ist. Und ähm die GEA ist damals eben eingestiegen und ziemlich das erste was die GEA gesagt hat "Sie will kein 50 Sitzer-Segmet mehr".* #00:08:46.3#

I: Also die kleinen Flieger von der KER? #00:08:46.4#

K: Ganz genau! Und das hatte vor allem uns KER Leuten betroffen und gar nicht so sehr die KEA Leute. Weil die sind über 120 Sitzplätze geflogen und wir vor allem das was drunter war geflogen. Und auf einmal bricht bei uns, ich würde sagen ein Drittel der Flotte weg. Wo sie innerhalb eines Jahres das ausscheiden haben wollen und haben es auch gemacht. Was ist dann bei uns, bei der KER passiert? Jetzt muss ich da ein bisschen weiter ausholen, weil das geht jetzt Richtung Gewerkschaft. #00:09:17.6#

K: Und zwar was ist dort passiert? Wir hätten jetzt letztes Endes 70 Kopiloten entlassen müssen. #00:09:30.1#

I: Weil man die ausflotten will? #00:09:32.5#

K: Genau weil man die Flieger weggibt und nur in geringem Maß durch größere Flieger ersetzt, also nicht 1:1, bleibt irgendwas über wo ich ausflotten muss. Dann hat unser KER.. damals... das muss ich jetzt auch nochmals ganz genau klar sagen, das ist ganz ganz ein wichtiger Begriff: Es hat die Firma KEA gegeben mit dem KEA Kollektivvertrag. Und zwar da hat es eben vor 2002, die Leute dir vor 2002 eingestiegen sind, diesen KEA ALT Kollektivvertrag gegeben. Und Zuge, dass die PF hereingekommen ist, hat man einen KEA NEU Kollektivvertrag gemacht. Da sind alle PF Piloten hineingekommen und alle Neueinsteiger, die zukünftig einsteigen. #00:10:16.0#

I: Die alten bleiben in ihrem? #00:10:19.0#

K: Die alten hat man sich nicht getraut anzugreifen und hat gesagt "Wir hoffen, dass sie bald aussterben, dann sind die irgendwann weg, dann haben wir wenigstens den KEA KV NEU", der schon sehr angelehnt war an den KER KV, da sind aber die Lauda Leute hineingekommen. Und wir schauen sowieso, dass wir zuerst alles über KER laufen lassen, quasi die ganze Expansion wird über KER. Sollte es nicht gehen, dass wir doch größere Flieger jetzt nachher auch noch bereedern müssen... weil man gibt nicht nur einen einzelnen Flieger zur KER, denn dann brauche ich für den einen Flieger eine ganze Schulungsabteilung, eine ganze... den ganzen Aufwand...dann aber zumindest nur noch im KEA KV NEU und nicht im alten KV. Die alten sozusagen, die haben ja überhaupt Privilegien gehabt. Das war wie Gott in Frankreich. Also da reden wir von Gehältern von 15.000 Euro Netto im Monat und solchen Sachen. Und eine Pensionskasse wo du denksch "Wir kann ich mit 80 Prozent meines Letztgehaltes in Pension gehen". Finanzieren tut der Staat vielleicht 2.000 - 3.000 Euro, ist die Maximalpension, und das restliche muss die KEA draufzahlen. Monatlich können da nachher 8.000 Euro oder sowas dazu bezahlt werden und so weiter. Dafür, dass einer in Pension ist... Also das ist nicht mehr finanzierbar. Da hat man dann gesagt "da kommt niemand mehr hinein, wir hoffen, dass die bald aussterben und alles andere läuft über KEA KV alt". Jetzt muss ich aber nochmals sagen, einmal gibt es da die KEA mit ihrem KEA KV alt und KEA KV neu. Das sind Firmenkollektivverträge. Und einmal gibt es einen Firmenkollektivvertrag für die KER, das ist der KER KV. Das ist ganz ganz wichtig, es gibt keinen Branchen-KV. Das ist ein bisschen ein Unterschied zu ... wenn ich bei den Verkäufern oder so was bin.. #00:12:06.2#

I: Die haben alle den gleichen KV. #00:12:08.0#

K: Die haben dann den Branchen-KV. #00:12:10.2#

I: Die werden bei euch einzeln ausverhandelt? #00:12:11.6#

K: Genau, das wird firmenspezifisch immer ausverhandelt. Und die Gewerkschaft, was der Betriebsrat quasi ausverhandelt mit der Geschäftsführung, wird die Wirtschaftskammer und die Gewerkschaft (???) das ist dann dieser KV. Wie gesagt wir haben dann auf einmal im Jahr 2009/ 2010 70 Kopiloten zu viel gehabt und die hätten wir jetzt rausschmeissen müssen. Dann hat der KER Betriebsrat mit unserem Geschäftsführer damals ausgemacht, "OK wir machen Kurzarbeit für ganzen...". Wir haben zuerst bei der KER Belegschaft, bei den Piloten abgestimmt "Wollt ihr das, wollt ihr die Kollegen auffangen? Dafür müssen alle auf Kurzarbeit gehen." #00:12:53.7#

I: Man hätte auch gewusst wen es von den Piloten trifft? Die jüngsten 70? #00:12:56.5#

K: Die jüngsten 70 genau. Und da hat man gesagt "Wir sind solidarisch, wir fangen die auf, wir gehen alle freiwillig auf Kurzarbeit". Wenn alle auf 80 Kurzarbeit gehen, können wir sozusagen die auffangen und wir müssen sie nicht rausschmeissen. Die Kapitäne haben gesagt geben dafür von ihrer Firmenpensionskassa zwei Prozent her. Das ganze Sparpaket ergibt dann so viel, dass man die 70 Leute behalten kann. Die KER Geschäftsführung und der Betriebsrat der KER waren sich einig und haben gesagt "Ja, das machen wir". Die Gewerkschaft muss dazu einen Zusatzkollektivvertrag Kurzarbeit heißt der, KER Kurzarbeit machen. Unser KER Betriebsrat ist dort hin gegangen zur Gewerkschaft und hat gesagt "Wir sind uns einig, wir wollen das so machen". Die Gewerkschaft, jetzt hole ich auch wieder ein bisschen aus... du kriegst so viele Informationen heute (lacht). #00:13:53.8#

I: Ich bin froh darüber (lacht). #00:13:53.8#

K: Gut. Die Gewerkschaft ist so strukturiert, da gibts gewisse Bereiche. Da gibts die GPA und die Vida. Für die Luftfahrt ist an und für sich die Vida zuständig. In der Vida gibt es einen Fachgruppenausschuss aus ich glaube neun Leuten. Und da sitzen ganz demokratisch (lacht) neun Leute drinnen, sieben von KEA, und zwei von der KER. Keiner von Weclome Air, keiner von Peoples, keiner von Airline XY. Nur sieben KEA und zwei KER. Ganz demokratisch. Gut, nun hat dieser Fachgruppenausschuss abstimmen müssen "machen wir diesen Kollektivvertrag KER Kurzarbeit". Und auf einmal ist das Ergebnis ausgegangen: Sieben von der Gewerkschaft haben "Nein, das machen wir nicht" und zwei haben dafür gestimmt. Wer hat dafür gestimmt und wer hat dagegen gestimmt? Nur... dass ich nochmals weiter aushole... nur dass du dir das auf der Zunge zergehen lässt. Die Gewerkschaft hat gesagt "Wir bestehen darauf, dass wir 70 Leute entlassen". Und warum will das die Gewerkschaft, oder diese KEA dominierte Gewerkschaft, dass sie sagen "Wenn wir 70 von den KER Leuten wegbekommen, dann haben wir einen viel kleineren Haufen, den wir in Zukunft unterdrücken können oder dominieren können, als wenn wir 70 mehr haben". Natürlich waren die froh, wenn bei uns weniger Leute gewesen wären und darum haben die abgestimmt "Weg damit!". #00:15:23.7#

I: Obwohl sie das direkt gar nicht betreffen würde? #00:15:24.9#

K: Obwohl es sie direkt gar nicht betroffen hätte. Die Gewerkschaft hätte eigentlich sagen müssen "Solidarisch, super! Wunderbar, so gehört sich das." #00:15:39.2#

I: Oder zumindest "Es ist uns egal, macht ihr das wenn ihr das wollt"... #00:15:39.2#

K: Ja genau. Weil wir Tiroler haben da intern eine Abstimmung gemacht "Wollen wir das oder nicht?". Aber wir brauchen einen Zusatz KV, da brauchen wir eben die Zustimmung der Gewerkschaft, sonst können wir das nicht machen. Ja und jetzt haben die "Nein" gesagt. Unser damaliger Betriebsratschef Gärtner, der ist im Kreis gehüpft. Der hat gesagt "das gibt es doch nicht, dass die Gewerkschaft darauf besteht, dass wir 70 Leute rausschmeissen. 70 Familien das Gehalt entziehen und hin und her..." Jetzt hat er medial auf einmal Druck gemacht. Da sind wir in Tirol Heute und im Fernsehn und in den Salzburger Nachrichten und der Tiroler Tageszeitung bis zur Kronenzeitung, überall sind wir dann drinnen gewesen mit den Schlagzeilen "Die Gewerkschaft besteht darauf, dass 70 Piloten hinausgeschmissen werden". Nix anderes war das. Auf einmal kriegt der Hundstorfer, nein nicht er, der Foglar von der Gewerkschaft und der Haberzettl, damals die Zwei. Die kriegen da Wind davon in den Medien und lesen da ... die haben ja gar nicht gewusst was da unten IKEA ist, in der Vida, in dem

95

Fachgruppenausschuss. Jetzt machen die auf einmal Druck auf den Fachgruppenausschuss "Heast seids es narrisch, die Gewerkschaft kann doch nicht dafür sein, dass wir da 70 Leute hinausschmeissen, da geht ja nicht". Der Fachgruppenausschuss hat auf einmal Stoff bekommen von ganz oben. Jetzt haben sie gesagt "Wie kommen wir da wieder raus?". Dann haben sie gesagt und dann machen wir das einfach so: "Wir machen so einen Passus in den KER KV und zwar in diesen Kurzarbeits KV, dass wenn bei der KEA so eine Situation entsteht, dass sie das dann auch machen können". Nur die Problematik ist die: Die KER Belegschaft war sich mit der KER Geschäftsführung einig. Wir sind ja verschiedene Firmen. Warum soll der Herr Vorstandsvorsitzneder XY, der der Vorstand vom KEA Flugbetrieb ist, seinem Personal ohne dass es da irgendeine Ursache gäbe so etwas auszuverhandeln, denen etwas geben ohne dass die andere Seite etwas bieten muss, sondern einfach so für alle Ewigkeit wird denen das zugestanden... der Vorstandsvorsitzneder XY weiß ja auch nicht, ob ihm dieses Zugeständnis in drei Jahren noch recht ist. Das heißt die haben jetzt von ihrem Chef auch etwas verlangt und wir sind abhängig davon, was was... also so sittenwidrig wird da zum Teil in der Gewerkschaft gearbeitet. Gott sei Dank hat der Vorstandsvorsitzneder XY gesagt "Na in Ordnung, ich geb euch das auch". Dann hat man wieder abgestimmt und auf einmal ist das Abstimmungsergebnis 9 dafür und 0 dagegen. Ha komisch (lacht), interessant oder? Ja jedenfalls haben wir dann als KER Personal quasi diesen Kurzarbeits KV bekommen, wir haben die alle behalten können. Die sind alle in Teilzeit oder Kurzarbeit gegangen und Gärtner, der damalige Betriebsratschef hat dann gesagt "das können wir in Zukunft nicht mehr haben, dass wir so abhängig sind von dieser KEA dominierten Gewerkschaft. Wir alle gehen jetzt in eine neue Gewerkschaft und zwar in die GPA". Ich muss ja nicht unbedingt in der Vida sein, sondern es gibt auch die Gewerkschaftsorganisation GPA, neben dem ÖGB, gibt es diese GPA. "Wir Tiroler gehen alle dorthin und die KEA sollen alle in der Vida sein. Dann haben die ihre Vertretung und wir machen unsere Sachen zukünftig mit der GPA". Der Betriebsrat hat mit der Gewerkschaft der GPA geredet und die haben gesagt es ist in Ordnung "Kommt zu uns rüber, ihr könnt die Mitgliedschaft bei uns machen und dann machen wir das so". Jetzt ist die KER Belegschaft hinübergewandert und als wir dann alle drüben waren, hat die Vida gesagt "Ätsch-Bätsch, jetzt geben aber die KER Kollektivvertragshoheit nicht ab". Jetzt haben die den Kollektivvertragshoheit gewerkschaftlich nicht von der Vida in die GPA hinübergegeben. Einfach aus Jux und Tollerei. Die haben gesagt "Ihr könnt schon alle dort drüben sein, aber abschließend was bei der KER passiert bestimmen immer noch wir". Solche sittenwidrige Sachen.... #00:19:46.7#

Jetzt ist unser Betriebsrat auch ganz narrisch (=verrückt) geworden und hat gesagt "Bitte schön, ihr seid eine Gewerkschaft, ihr werdet wohl fähig sein wer für wen zuständig ist und so weiter". Dann haben sie gesagt "Ja, nein uns sind da die Hände gebunden, wir können das nicht ändern und so weiter und hin und her." Und wie gesagt sind jetzt bei uns sehr viele in der GPA, wobei die jetzt zwangsrückversetzt worden sind in die Vida. Die Vida hat gesagt "Nein, wir holen die doch". Und es ist jeder angeschrieben worden, dass jetzt alle aus organisatorischen Gründen jetzt alle wieder in die Vida müssen. #00:20:18.0#

I: Also ist jetzt alles wieder im dem 7:2 Verhältnis? #00:20:18.3#

K: Ganz genau so ist es. Und ähm. Wie gesagt, dass ist nur so ein bisschen ein Thema am Rande, damit du siehts diese Dominanz, wie man immer versucht von der KEA Seite, so eine Dominanz gegenüber der KER zu haben. #00:20:32.9#

K: Interessant für deine Arbeit ist auch der Rechnungshofbericht. Da gibt es einen Rechnungshofbericht 2006 oder 2007, das musst du nur googeln, sonst kann ich dir den zukommen lassen. In diesem Rechnungshofbericht, der untersucht sozusagen die KEA Situation vor der GEA-Übernahme 2009. Und da drinnen steht schon ähm quasi Anschuldigungen an den Vorstand warum man nicht noch mehr an die KER ausgliedert, weil die so viel günstiger und so viel wirtschaftlicher sind und dass der KEA-Flugbetrieb so nicht mehr finanzierbar ist. Also das alles stünde da in diesem Rechnungshofbericht. Also ich erzähl dir da jetzt nicht irgendetwas, du kannst das zum Teil die wirtschaftliche Situation der KEA nachlesen im Rechnungshofbericht, der kurz vor der Übernahme durch die GEA sozusagen gemacht worden ist... auf politischen Druck hin sozusagen, hat man den erstellen lassen. #00:21:18.1#

Ähm. Im Jahr 2012 ist das dann so gewesen, dass die KEA sich kurz vor dem Konkurs war. Und zwar hat der Jaan Albrecht, hat in den Medien gesagt... er hat drei Möglichkeiten, es gibt jetzt drei Möglichkeiten für den Jaan Albrecht. Entweder es gibt eine Verhandlungslösung mit den KEA Piloten, weil deren Kollektivvertrag, der KEA Flugbetrieb ist so nicht mehr finanzierbar, sprich mit diesen alten

Pensionszeug... Entweder es gibt da eine Verhandlungslösung mit den KEA Piloten, "ist in Ordnung, dann passt des". Dann hat er versucht zu verhandeln, der Albrecht und der Betribsratvorstand XY damals... Und sind sie zu keiner Lösung gekommen. Der Betribsratvorstand XY wollte sich von seinen Benefits nichts wegnehmen, - nichts darf ich vielleicht nicht sagen - aber nicht genügend wegnehmen sozusagen, dass man den KEA Flugbetrieb pKEAitiv darstellen kann. Und der hat dann gegambelt und hat gesagt "Dann führt uns hald in Konkurs". Weil er gewusst hat wie die Streckenrechte liegen auf der KEA und so weiter und so fort... die lassen sich vielleicht doch nicht so einfach auf die KER übertragen und so weiter. Er hat da ein bisschen gegambelt, da hat er spekuliert, der Betribsratvorstand XY. Ähm. Der Jaan Albrecht hat gesagt "Plan A ist gescheitert". Plan B hat er gesagt, er macht einen Betriebsübergang von der KEA zur KER. Oder die dritte Möglichkeit, Plan C, er geht in Konkurs. Diese drei Möglichkeiten hat es gegeben. A ist gescheitert, B war der Betriebsübergang hin zur KER, den sie nachher gewählt haben. Und dieser Betriebsübergang sozusagen, war nachher die Rettung des KEA Flugbetriebs vor dem Konkurs. Und das hat er medial so gesagt, und ein CEO sagt das sicher nur dann, wenn es auch stimmt. Weil in die Öffentlichkeit zu stellen "Uns geht es so schlecht, entweder mach ich jetzt einen Betriebsübergang oder ich gehe in Konkurs", das würde die ganzen Kunden, die ganzen Leute sozusagen abschrecken. Wo ich als CEO so großen Schaden mache, dass ich sage aus Spekulation, weil ich das taktisch irgendwie jetzt da, damit die nachgeben und so weiter, sondern das hat wahrscheinlich schon gestimmt. Und dann hat es eben diesen Betriebsübergang hin zur KER gegeben. Und zwar ein Betriebsübergang hin zur KER hat folgendes für die KEA Leute bedeutet: Sie kommen alle herein zu uns. #00:23:44.9#

I: In euren Kollektivvertrag? #00:23:44.9#

K: In unseren Kollektivvertrag, sprich auch in unser Senioritätssystem. Jeder mit seinem Eintrittsdatum. Warum kommen sie gemerget by date sozusagen do herein? Weil eben das AVRAG - Gesetz sagt "Es darf keiner besser oder schlechter gestellt werden". Jeder andere Betriebsübergang, ob das jetzt damals von der KEA-REGIONAL (KEA-Regional) zur KER oder von der Rheintalflug zur KER oder von der Lauda in die KEA, sind alle AVRAG-konform, merger by date, durchgeführt worden. Und rein die Tatsache, dass die jetzt da zu uns hereinkommen, für die KEA Piloten, diese Elitepiloten, in die KER, in die verhasste KER... Und jetzt auf einmal kommen da Leute vor ihnen herein, in der Seniorität, in dieser heiligen Kuh, na das war für sie unmöglich. Die haben sich gedacht "Scheisse, jetzt sind wir da in einer Situation, die wir nicht ändern können, wir können das AVRAG Gesetz nicht ändern. Von unseren Vätern sitzen zwar viele im Parlament, oder was weiß ich wo.... sind politisch vernetzt, aber das AVRAG Gesetz werden sie auch nicht ändern können. Also was tun wir da?". Jetzt haben sie (lacht)... wie gesagt der Betriebsübergang hätte so vonstatten gehen sollen, so wie es die die Geschäftsführung gemacht hat. Die Geschäftsführung hat den KEA Kollektivvertrag gekündigt, damit nachher im Zuge des Betriebsüberganges, sie in unseren Kollektivvertrag übergehen können. Wobei das AVRAG Gesetz sagt "Ein Jahr lang wären die dann geschützt gewesen". Das heißt ihre hohen Gehälter, ihre hohen Pensionskassen und so weiter, wären erhalten geblieben und erst nach einem Jahr wären die auf unseren hinuntergeplumst. So ist das AVRAG- mäßig anscheinend definiert, dass es da quasi eine gewisse Übergangszeit gibt. Die KEA hat folgendes folgendes den KEA Piloten angeboten... #00:25:46.5#

I: Das betrifft aber wieder nur die KEA Neuverträge, wären die alten erhalten geblieben? #00:25:48.8#

K: Nur ein Jahr lang. #00:25:51.9#

I: Nur das eine Jahr und dann wären sogar die Altverträge weg... #00:25:54.0#

K: Dann wären sie alle hinuntergeplumst. Dann wären sie alle hintergeplumst auf KER. Dann hätten wir wirklich einen Kollektivvertrag gehabt, mit einer Seniorität und das für alle. ... Wie gesagt ... jetzt habe ich den Faden verloren... Wie gesagt die wären zu uns hereingekommen, ein Jahr lang sozusagen wären sie geschützt gewesen und dann wäre das sozusagen passiert. Ähm. Die KEA hat ihnen nachher noch etwas angeboten, weil sie sich gedacht hat, damit ich einen Frieden, einen sozialen Frieden in der KEA habe, biete ich noch folgendes an: "Die Piloten, die nicht diesen Betriebsübergang mitmachen wollen, weil sie es emotional und so weiter, denen biete ich einen Golden Handshake an." Die hätten sozusagen am 1. Juli 2012 mit einem Golden Handshake die Firma verlassen können und haben auch 112 Leute haben das auch getan. #00:26:53.2#

I: Von der KEA? #00:26:54.2#

K: Genau. Die haben eine Abfertigung in der Größenordnung von bis zu 800.000 Euro bekommen. Die Pensionskassa und alles, Abfertigung und Pensionskassa, alles ausbezahlt bekommen. Hätten aber, haben aber die Firma verlassen müssen und sind also nicht übergegangen. Ein größerer Teil natürlich hat gesagt "Nein wir machen den Betriebsübergang". Und die haben davor noch einen Kunstkniff gemacht. Und zwar haben die KEA Piloten über die Gewerkschaft, weil sie ja dort gut vertreten sind in der Gewerkschaft mit diesen sieben Leuten im Fachgruppenausschuss, haben sozusagen die Gewerkschaft dazu gebracht, dass sie bevor der Betriebsübergang, als er nur angekündigt worden ist, dass der am 1. Juli stattfindet, haben sie genau termingerecht den KER Kollektivvertrag gekündigt. Durch diese Kündigung des KER Kollektivvertrag, war jetzt nachher die Situation die, dass sie nicht in unseren Kollektivvertrag herein... implementiert werden konnten, juristisch. Weil in einen gekündigten Kollektivvertrag kannst du niemand hereinholen. Also das hat ihnen der damalige Anwalt, der Gerlach, geraten. Es war die einzige Möglichkeit, dass das AVRAG Gesetz nicht wirkt. Weil wenn der Kollektivvertrag gekündigt ist, könnt ihr da nicht hineinkommen. #00:28:18.6#

I: Hätte das auch irgendwelche Auswirkungen auf die KER Leute gehabt? #00:28:19.6#

K: Na selbstverständlich. Ähm. Es ist folgendes passiert. Und zwar... unser Kollektivvertrag ist dann kurz vor dem Betriebsübergang quasi gekündigt worden. Aber der Kollektivvertrag wirkt nach. Das heißt, alles wirkt nach, bis ein neuer gemacht wird. Und das war ja das Kalkül der KEA Piloten. Sie haben gesagt "OK, die Tiroler geben nachher eh Ruhe, bis ein neuer Kollektivvertrag... das AVRAG Gesetzt da können wir nichts daran ändern, das wirkt so wie es wirkt, aber in den neuen Kollektivvertrag, da können wir dann sagen was da drinnen steht." #00:28:59.7#

I: Die wollten quasi einen leeren Tisch machen und alles neu verhandeln? #00:28:59.7#

K: Ganz genau. "Und im neuen Kollektivvertrag, da können wir hineinschreiben was wir wollen, da können wir Senioritäten vergeben wie wir das wollen." (imitiert KEA Piloten) #00:29:10.1#

I: Weil ihr wieder kleiner vertreten seit? #00:29:13.2#

K: So ist es genau. Weil die Gewerkschaft bei diesen schmutzigen Spielen natürlich da überall mitmacht. Jetzt siehst du diese ganze Tragik. Es ist ein ganz ein komplexes Thema. Du sagst wenn es zu viel wird... #00:29:24.4#

I: Nein, ich bin froh. Das hat jetzt einmal sehr viel Licht ins Dunkel gebracht. #00:29:26.8#

K: Folgendes. Sie haben eben ja ähm gesagt sozusagen "In diesen gekündigten Kollektivvertrag können wir gar nicht hinein". Jetzt war die juristische oder arbeitsrechtliche Situation so: Der Betriebsübergang hat stattgefunden. Wir sind in unserem nachwirkenden Kollektivvertrag ganz normal weiter aufgestiegen oder wenn wir eine Vorrückung hatten. Für die KEA Leute,... die haben nachher nach Unternehmensrichtlinien arbeiten müssen. Unternehmensrichtlinien, die waren an ihren alten Kollektivvertrag angelehnt. Weil die Firma gesagt hat "so ist es am einfachsten", dass man sie auch nach ihrem alten Dings, bis das gerichtlich nachher so quasi geklärt wird. Und ähm. Die KEA Piloten... unsere Dings ähm, die Firma war nachher der Meinung, dass sie sehr wohl in einen gekündigten Kollektivvertrag eingegliedert werden können. Und das ist dann bis zum EuGH gegangen. Der EuGH hat festgestellt "Wäre der Kollektivvertrag nicht gekündigt worden, wäre alles AVRAG konform." Weil dieses AVRAG gibt es nicht, weil die Österreicher so gescheit sind und für Betriebsübergänge etwas entwickelt haben, sondern die EU hat damals, ziemlich zur gleichen Zeit wie der EU Betritt von Österreich war, allen europäischen Mitgliedsländern gesagt, sie müssen ein nationales Gesetz machen, wo ein Betriebsübergang geregelt ist. Das ist eine Auflage der EU gewesen. Das hat auch Österreich mit seinem AVRAG Gesetz... ist der Sache nachgekommen. Darum gibt es dieses AVRAG Gesetz. Und jetzt haben eben der EuGH gesagt "Nein, wenn es einen gekündigten Kollektivvertrag gibt, dann könnt ihr da nicht hinein." So haben die KEA Piloten und Anführungszeichen gewonnen, dass sie jetzt einmal nicht eingegliedert werden. Das könnten sie verhindern. Und jetzt haben sie es natürlich durch ihre Übermacht in der Gewerkschaft und so weiter, beziehungsweise (lacht)... Sie haben ein anderes Druckmittel auch noch gehabt. Durch dieses Urteil, dass sie nicht eingegliedert werden können, und nicht quasi runterplumsen... hat das auch juristisch bedeutet, es steht ihnen die alte Pensionskassa immer noch zu, die Firmenpensionskassen. #00:32:04.6#

I: Nur den KEA alt? #00:32:05.4#

K: Nur den OS alt, ganz genau. Diese Firmenpensionskassen, hat aber die Firma, weil es ihnen so schlecht gegangen ist 2012, sofort aufgelöst. Und hat das Bilanztechnisch gleich schon brauchen können. Weil sonst wären sie wirklich in Konkurs gegangen. Jetzt hat es diesen Topf gar nicht mehr gegeben. Es ist aber letztes Jahr, als da EuGH Urteil gekommen ist, hat das auch gleichzeitig bedeutet, den KEA alt Piloten, denen steht noch ihr alter Pensionstopf zu, weil sie ja nicht im KER sind. Und jetzt war die Firma genötigt, sozusagen, einen Pensionstopf ‚sozusagen, einzurichten. Und das hätte die Eigenkapitalquote der KEA letztes Jahr unter die 8 Prozent absinken lassen. Das darf sie nicht, beziehungsweise darf sie schon, aber es muss dann ein Sanierungskonzept vonstatten gehen. Das heißt entweder Restrukturierung, dass man kleiner wird und so weiter und diese 8 Prozent wieder... wieder erreicht werden und so weiter. Oder, dass die GEA Geld hineinschießt. Das wäre auch eine Restrukturierungsmaßnahme gewesen, aber weder die GEA war bereit nochmals Geld in die KEA hineinzustecken, noch war es da große Interesse oder die KEA nachher noch weniger überlebensfähig, wenn sie noch kleiner wird. Das heißt, jetzt ist die Geschäftsführung mit dem Rücken zur Wand gestanden, den KEA Piloten denen stehen - Hausnummer 500.000 Euro - Pensionskassa zu und sie haben das Geld nicht. Jetzt haben sie quasi eine Verhandlungslösung haben müssen. Und jetzt haben sie folgendenmaßen gehabt, dass sie gesagt haben "Wir machen jetzt einen neuen Kollektivvertrag für alle, die KER und KEA. Und euch KEA Piloten, so unter der Hand, ganz unter uns gemauschelt, ihr KEA Piloten verzichtet auf einen gewissen Teil eurer Pensionskassa, weil ein bisschen ein Geld haben wir, das können wir euch zahlen, die Hälfte oder so irgendetwas, die Hälfte der Pensionskassen können wir euch schon zahlen, dafür werdet ihr als KEA Piloten in der Karriere quasi bevorzugt. Und ihr bekommt die ganzen Vorzüge in der Karriere, wenn du unterschreibst, dass du mit der Hälfte der Pensionskassa auch zufrieden seid. Und das ist unser Sanierungskonzept". Sprich ein Kollektivvertrag, der absolut diskriminierend gegenüber der KER ist, absolut nicht AVRAG konform ist für einen Betriebsübergang,... aber eben mit dem gemauschel "Ihr bekommt dann das Geld". Und dann musste man gleich noch dazubeschlossen, damit das Geld ein bisschen mehr Wet ist, weil wenn ich euch jetzt irgendetwas zahle, dann müsst ihr ja 50 Prozent Steuer zahlen, weil ihr seid ja alle Gutverdiener, ihr liegt in der Steuerprogression bei 50 Prozent drinnen. Und dann bleibt euch von dem was ihr ausbezahlt bekommt ja noch weniger. "Jetzt konstruieren wir noch einen Betriebsübergang, weil im Zuge eines Betriebsüberganges kann ich solche Sonderabfertigungen oder was, steuerfrei, oder mit nur sechs Prozent Steuer, ausbezahlen." Und deswegen hat es noch einen Betriebsübergang von der KER wieder hin zur KEA gegeben. Damit man... wie die das zustandegebracht haben... ich möchte da nicht recherchieren (lacht), das wäre interessant für einen Reporter, wie da das Finanzamt mitgemacht hat. #00:35:16.00#

- neues Band - #00:00:09.1#

K: Weil du musst bedenken, die Leute waren nur eine Sekunde waren die arbeitslos, nur damit sie wieder einen neuen Betriebsübergang machen können. Und im Zuge, weil sie eine Sekunde lang arbeitslos waren, kriegen sie diesen Sonderstatus mit 6 Prozent wieder vom Finanzamt zugesprochen. Das ist auch nicht legal. Ich klage so etwas nicht, weil es mir nichts bringt. Also könnte sein, dass das in Zukunft irgendwann einmal auf Tableau kommt, dann weißt du wovon ich spreche. Aber so hat man eben einen Betriebsübergang konstruieren müssen, künstlich, damit die das nochmals steuergünstig das Geld bekommen. Weil dann waren die auch wieder zufrieden. Weil wenn sie 500.000 Euro zu 50 Prozent versteuern hätten müssen, dann wären sie wieder nicht zufrieden gewesen. Darum hat man nochmal gesagt wir machen noch einen Betriebsübergang, in diesem Zuge können wir es nachher nochmals ähm, lediglich die sechs Prozent Dings, mehr habt ihr mehr und seid ihr damit zufrieden. Dafür werdet ihr dann aber bevorzugt in der Karriere und so weiter. Und das ist eben jetzt, da schließt sich da ganze Bild jetzt wieder. Und darum gibt es jetzt momentan bei uns diese Klagen, wegen Diskriminierung in der Seniorität, in der Karriere und und Gehalt und so weiter. Das sind die einen großen Klagen die jetzt geführt werden und wo ich gesagt, ich führe noch eine Klage, ich führe diese Klage gegen die Gewerkschaft. #00:02:32.1#

I: Das machst du persönlich? #00:02:32.1#

K: Ja, ich klage die Gewerkschaft. Ich habe eine Feststellungsklage seit dem letzten Jahr laufen ... ähm ... gegen die Gewerkschaft. Und zwar auf Feststellung ... ob die Gewerkschaft mir gegenüber schadenersatzpflichtig ist, weil sie meinen Kollektivvertrag gekündigt hat. Sie hat im Jahr 2012 meinen

KER KV gekündigt, mutwillig, gegen den Willen der Belegschaft, gegen den Willen des Betriebsrates, gegen den Willen der Geschäftsleitung. Alle waren mit dem KER Kollektivvertrag zufrieden. Und zwar sie haben ihn deshalb gekündigt, um Leute in einer anderen Firma, sie hat ja meinen Firmenkollektivvertrag gekündigt, aber um Leute in einer anderen Firma zu schützen. Und ich sage, die Gewerkschaft, ich habe jetzt... mein Kollektivvertrag hat zwar nachgewirkt, aber mit dem Abschluss des neuen Kollektivvertrag, bin ich jetzt etwa 10 Prozent unter meiner alten Gehaltsgeschichte, ich bin eingefroren bis zu meiner Pensionierung fast. Und das ist mein Schaden und den soll die Gewerkschaft zahlen. Und wenn ich gewinnen sollte, ich weiß es nicht, das Klagsrisiko ist extrem hoch, aber wenn ich gewinnen sollte, dann ist die Gewerkschaft pleite. Weil dann muss sie für alle KER diesen Schaden zahlen. #00:03:57.9#

I: Wann steht das an bei dir? #00:03:57.9#

K: Das Erstgerichtsurteil haben wir schon. Jetzt sind wir in Berufung, in der zweiten Instanz. Wir haben ja bewusst bei dieser Gewerkschaftsklage ganz einen hohen Schaden definiert, also über 30.000€, damit wir gleich bei der Landesgerichtsebene anfangen und nicht bei der Bezirksgerichtsebene. Weil sonst wäre die Bezirksgerichtsebene, Landesgerichtsebene, Oberlandesgericht da wär nachher Schluss gewesen. Aber ich sage, das ist politisch so eine heiße Kartoffel, da traut sich der am Oberlandesgericht gar nicht richtig entscheiden, das muss der OGH Richter entscheiden. Darum haben wir bei der Landesgerichtsebene angefangen, sind jetzt in der Berufung im Oberlandesgericht, da sind jetzt drei Richter damit beschäftigt, und die sind jetzt momentan auf Urlaub. Aber ab September geht das Verfahren wieder weiter. #00:04:56.0#

I: Hat das medial noch nicht für Aufsehen gesorgt? #00:04:56.3#

K: Ich versuche das absolut nicht medial jetzt irgendwie... Denn sonst könnte man mir das vorwerfen. Dann sagen die Leute der führt die Klage nur, weil er mediengeil ist oder sowas. Aber ich will wirklich nur Schadenersatz. #00:05:14.0#

I: OK. #00:05:18.0#

K: So, jetzt hast du... #00:05:18.0#

I: Jetzt habe ich einen Überblick, über das gesamte Feld bekommen. #00:05:22.1#

K: Jetzt erklärt sich des warum die Klage zum EuGH.. #00:05:25.9#

I: Ich bin mir jetzt auch gar nicht sicher, ob es noch Sinn macht meine eigenen Fragen zu stellen. Der Fokus hat sich inzwischen hat sich nun grunsätzlich ein wenig verändert, weil der Anfangsgedanke war "Die GEA hat wahnsinnig viel verändert". Aber wie es scheint hat eher die KER und KEA, die haben miteinander zu kämpfen. #00:05:45.2#

K: Ganz genau. Es ist leider... eine Wurstelei... oder eine Sittenwidrigkeit oder Freunderlwirtschaft und ein Netzwerk und so weiter im Hintergrund zu Gange, was erstens einmal betriebsratsmäßig passiert, was gewerkschaftsmäßig passiert und Gewerkschaftsintern passiert. Also das ist hier das große... Die GEA ist an und für sich fast nur Zuschauer... Zuschauer aber im schlechten Sinn. Sie kann gar nicht richtig agieren. Sie ist auf der einen Seite so abhängig von Gerichtsurteilen, beziehungsweise die gegen sie dann ausgegangen sind, von gewissen Winkelzügen... die... Vielleicht wichtig für deine Arbeit: Es ist ein Recht eines Unternehmens,... das ist ein Recht, das man einem Unternehmen zugestehen muss... dass sie das Recht haben einen Betriebsübergang zu machen. Den kann ich als Arbeitnehmer nicht verhindern. Ich kann auch nicht sagen "Ich bin dagegen". #00:06:45.8#

I: Dann müssen sie eben gehen. #00:06:45.8#

K: So ist es. An und für sich ist das ein Grundrecht eines jeden Unternehmens, einen Betriebsübergang durchzuführen. Nur muss ich es AVRAG-konform gemacht werden. Aber das jetzt so gefinkelt zu machen, dass ich sage "Mir passt das AVRAG- Gesetz nicht... dass ich gleich behandelt werden." Dann muss ich so komische, so juristische Graubereiche und Sachen machen, dass so etwas herauskommt. Dass wir uns natürlich als KER Belegschaft dagegen wehren, das ist wohl auch klar. #00:07:19.1#

I: Glaubst du, dass die GEA wusste auf was sie sich da einlässt, bei der Übernahme damals? Was da noch auf sie zukommen könnte? Also, dass es der KEA nicht besonders gut geht, wirtschaftlich das wusste man ja... #00:07:33.9#

K: Wobei, da hat nachher eh der Staat etwas zugeschossen. Die haben ja ein Mitgift, eine große Mitgift da gegeben und so weiter. Nur ich glaube rein von der... was die GEA nicht gewohnt ist... ähm... das ist dieser Wiener, diese Wiener Art zu sagen... dir ins Gesicht zu lachen und hinten herum mit deinem Netzwerk und... aber alles ganz anders darzustellen. Also diese Hinterhältigkeit... der korrekte gerade Deutsche ist das nicht gewohnt. So eine gewisse Hinterhältigkeit und solche Sachen. Das gibt es nur in Österreich und im Wiener Raum im speziellen, solche mafiöse Strukturen. Das sind wirklich mafiöse Strukturen... Ja, ja. #00:08:24.7#

I: Ich schau jetzt mal kurz, ob ich bei meinen Fragen noch etwas finde. Hmmm ... Ja vielleicht noch kurz grundsätzlich zur Stimmung, als die GEA die KEA und die KER mit übernommen hatte. Hast du da gemerkt, ob man sich darüber gefreut hat, weil es dem Unternehmen davor wirtschaftlich nicht so gut ging. War da eher die Freude im Vordergrund, dass man sagt wir haben jetzt ein finanzstarkes Unternehmen, das darauf schaut, dass es uns weiterhin gibt. #00:08:53.0#

K: Es ist so gewesen. Kurz vor der GEA Übernahme ist es der KEA extrem schlecht gegangen, da hat natürlich die KER Belegschaft auch Sorge gehabt. Wenn es dem Eigentümer der KER schlecht geht, dann kannst du das nicht einfach negieren. Aber trotzdem hat es bei uns eigentlich, gerade im Flugbetrieb, wo wir Leute waren mit einem etwas größeren Horizont, hat es immer geheißen "Was soll denn aus der KER werden". Angenommen die KEA geht Konkurs, „was soll aus der KER dann werden?" Was macht ein Konkursrichter?" Der Konkursrichter muss schauen, dass er aus der Konkursmasse noch etwas macht. Der wird dann sagen "Ich habe da eine Firma KER, wer will sie haben." Und ein Unternehmen, das nur schwarze Zahlen schreibt, immer nur geschrieben hat, gut strukturiert ist... es hat ja großes Interesse auch von der Air France gegeben an der KER, oder von der KLM, auch ein russischer S7 und so weiter,... die haben alle Interesse an uns gehabt. Da muss ich sagen, ich müsste mir eher sorgen machen, wenn die KER negative Zahlen schreibt und nachher kommt es zu einer Übernahme. Da bin ich natürlich froh, wenn dann ein Investor kommt, sozusagen, "Ich gebe euch jetzt mal Geld, macht wieder etwas daraus. Schaut darauf, dass ihr positiv werdet." Dann sag ich "da bin ich froh, erleichtert, da fällt mir ein Stein vom Herzen". Aber wir haben das eher nüchtern gesehen und haben gesagt "ja, es komme wie es wolle". Natürlich ist uns ein geordneter Übergang zur GEA natürlich lieber, als wie die KEA geht in Konkurs und es gibt dann nachher ein Wettstreiten um die KER. Aber, dass wir jetzt da ganz extreme Ängste gehabt haben in der Belegschaft kann ich vom Flugbetrieb her... Ein paar fürchten sich sowieso zu Tode... zu Tode gefürchtet ist auch gestorben. Aber größtenteils hat man das schon sehr nüchtern und realistisch gesehen. Weil wir gesagt haben "Wir haben ein gutes Unternehmen". #00:10:59.9#

I: Das heißt eher auf der KEA Seite? #00:11:04.0#

K: Mehr auf der KEA oder auf der Lauda Seite, dass man gesagt hat "was passiert wirklich, wenn uns die GEA nicht übernimmt". Da hat man sicher größere Bedenken gehabt. Und vor allem in der Belegschaftsgruppe, OS KV alt, die noch nie irgendwo in der Wirtschaft gearbeitet haben. Schau, wenn man mir meinen Steuerknüppel weg nimmt, ich kann als Bauingenieur arbeiten, ich kann als Musiklehrer arbeiten, ich kann nach Hause gehen und kann aus meinem Wald Holz herausschlagen und die Hälfte des Holzes verkaufe ich, dann habe ich etwas zu essen, die Hälfte mach ich zu Brenn zholz, dann hab ich es im Winter fein warm. So jetzt habe ich viel gerdet. (lacht) #00:12:00.3#

I: Ich glaube auch das passt. Ich glaube es bringt nicht so viel, wenn ich dich jetzt noch mehr frage... Grundsätzlich hat sich der Fokus etwas verschoben. #00:12:09.7#

K: Ein bisschen verschoben. (lacht) Jetzt mache ich dir viel Arbeit wahrscheinlich. #00:12:14.8#

I: Zum Glück habe ich das schon nach meinem zweiten Interview bemerkt, dass die GEA eigentlich gar keine so große Rolle spielt. #00:12:28.2#

K: Na, die Betriebsübergänge das musst du eigentlich oder das Konfliktpotenzial im Bezug auf die Belegschaft, da gibt es gar nicht so große Vorbehalte der GEA gegenüber. Das wir uns als

Unternehmen im GEA -Konzern behaupten müssen, das ist ja... die KER war das immer gewohnt. Wir haben uns immer behaupten müssen im freien Wettbewerb. Darum ist das für uns keine neue Situation. Aber ich hoffe ich habe dir das auch genügend mit Beweisen oder oder mit dem Rechnungshofbericht... Ansonsten musst du die KEA Leute genau mit diesen Aussagen von mir konfrontieren und musst dir anhören was sie jetzt ganz konkret darauf sagen. Können sie dir da ein Argument geben, dass meine ganzen Behauptungen in Schall und Rauch auflösen, aber das wird wahrscheinlich nicht der Fall sein.